Königs Erläuterungen und Materialien
Band 1

Erläuterungen zu

Friedrich Schiller

Wilhelm Tell

von Beate Nordmann

Bange Verlag

Über die Autorin dieser Erläuterung:

Beate Nordmann, geboren 1961 in Menden /Sauerland, studierte Germanistik und Ernährungs- und Hauswirtschaftswissenschaften in Bonn. Seit 1993 ist sie Lehrerin an der Albert-Einstein-Gesamtschule in Werdohl und arbeitet dort seit 2002 als Didaktische Leiterin.

Hinweis:

Die Rechtschreibung wurde der amtlichen Neuregelung angepasst.
Zitate Max Frischs müssen auf Grund eines Einspruches in der alten Rechtschreibung übernommen werden.

3. Auflage 2004
ISBN 3-8044-1691-8

Titelabbildung: Friedrich Schiller
Satz: Thomas Beyer, Hollfeld
Titelabbildung: Friedrich Schiller

Druck und Weiterverarbeitung: Tiskárna Akcent

Vorwort

Das Schauspiel *Wilhelm Tell* ist traditionsgemäß eines der ersten Dramen, das in der Mittelstufe behandelt wird. Es eignet sich gut als Einführung in die Gattung „Drama", da sowohl der Titelheld als auch die übrigen Figuren mit ihrem Mut, ihren Ängsten, ihrer Liebe gut nachvollziehbar für SchülerInnen sind.
Die äußere Handlung des *Tell* wird von den Szenen des Rütli-Schwurs, des Apfelschusses und der Ermordung Gesslers geprägt. Diese Szenen sind dramatisch und vermögen so die SchülerInnen zu fesseln.
Die bei der Besprechung des *Tell* als Beispiel eines klassischen Dramas gewonnenen Kenntnisse ermöglichen es, das Spezifische von Dramen anderer Epochen in späteren Schuljahren vergleichend herauszuarbeiten.
Ein Problem bei der Lektüre wird die Bewältigung des Lektürestoffes sein. Hier bietet dieser Band Hilfen zum Textverständnis und zum Interpretationsansatz an.
Dieser Erläuterung liegt die Königs Lektüren-Textausgabe des *Wilhelm Tell* zu Grunde.

1. Friedrich Schiller: Leben und Werk

1.1 Biografie

Um das Jahr 1800 war Deutschland in viele Einzelstaaten zergliedert, die zudem linksrheinisch noch von Frankreich unter Napoleon beherrscht wurden. Trotzdem hat Deutschland in diesen Jahrzehnten große Männer in Dichtung, Philosophie und Kunst hervorgebracht. Unter ihnen ist auch der Dichter **Friedrich Schiller**.

Jahr	Ort	Ereignis	Alter
		Schillers Kindheit	
1759	Marbach	Im November wurde Johann Christoph Friedrich Schiller, Sohn des Wundarztes und späteren Offiziers Johann Kaspar Schiller und Elisabeth Dorothea Schiller, (geb. Kochweiß) in Marbach am Neckar geboren.	
1767	Ludwigsburg	Der Vater wurde nach Ludwigsburg versetzt. Hier ging Schiller dann in die Lateinschule. Er sollte Geistlicher werden. Herzog Karl Eugen hatte eine „Pflanzschule" gegründet, die Nachwuchs von Offizieren und Beamten liefern sollte,	8

Jahr	Ort	Ereignis	Alter
		welche in seinem Sinne erzogen wurden. Alle begabten Schüler des Landes mussten ihm gemeldet werden.	
		Zeit in der Militäranstalt	
1773	Stuttgart	So wurde dem Hauptmann Schiller befohlen, seinen Sohn auf der Solitude bei Stuttgart abzuliefern. Schiller fühlte sich dort in eine Zwangsjacke gesteckt. In den folgenden acht Jahren gab es nur manchmal freie Stunden, es gab keine Ferien, der Tag war militärisch geregelt. Schiller begann ein Jurastudium. Am Anfang zählte er noch zu den Besten, verschlechterte sich dann aber immer mehr. Im dritten Jahr war er sogar der Schlechteste.	14
1775		Man verlegte die Akademie nach Stuttgart. Dort wurde er zur Fakultät Medizin überwiesen.	16
		Regimentsarzt in Stuttgart	
1780	Stuttgart	Man entließ Schiller als Arzt aus der Akademie. Er wurde Regimentsarzt im Regiment	21

Jahr	Ort	Ereignis	Alter
		von General Augé und blieb ungefähr zwei Jahre im kleinbürgerlichen Stuttgart.	
1782	Mannheim	In Mannheim erschien anonym im Selbstverlag sein erstes Stück ***Die Räuber***[1]. Es wurde ein großer Erfolg. Als der Herzog von Schillers Reise nach Mannheim erfuhr, erhielt er 14 Tage Arrest und ein absolutes Schreibverbot.	23
		Flucht aus Württemberg	
1782	Mannheim	Im September war der russische Zar, Großfürst Paul v. Russland, zur Jagd eingeladen. Dieses Fest nutzte Schiller mit Hilfe eines Freundes, um nach Mannheim zu fliehen. Er hatte das fast fertige Drama ***Die Verschwörung des Fiesko zu Genua*** bei sich, doch das Stück wurde abgelehnt, weil Schiller es in seiner schwäbischen Mundart schlecht vorgetragen hatte. Zu einer Aufführ-	

1 Mit dem 16–17jährigen Schiller beginnt eine neue Epoche des STURM UND DRANG (1770–1785), benannt nach einem Drama von F. Klinger. Die Vorbilder sind Lessing, Klopstock, Hamann und Herder. Die Schriftsteller lehnten sich gegen den Absolutismus auf, so war auch der Herzog von Württemberg ein Despot. Wesentliche Kriterien für die Dichtung waren Originalität und Genialität. Das Drama ist die literarische Hauptform (Klinger, Lenz, Goethe, Schiller [Jugenddramen]), daneben Ballade und Lyrik.

Jahr	Ort	Ereignis	Alter
		rung kam es nicht, da Schiller weiterfliehen musste über Frankfurt, nach Oggersheim und dann nach Bauerbach. Hier lebte er ein Jahr als Dr. Ritter und schrieb das bürgerliche Trauerspiel ***Luise Millerin*** (später: ***Kabale und Liebe***)[2]. Außerdem entstanden die Pläne für ***Don Carlos*** und ***Maria Stuart***.	
		Theaterdichter in Mannheim	
1783	Mannheim	Schiller wurde mit einem schlechten Vertrag – er erhielt nur sehr wenig Geld – als Theaterdichter eingestellt.	24
1784		***Luise Millerin*** und ***Fiesko*** wurden aufgeführt. Schiller wollte unbedingt überzeugen und arbeitete hart. Von da an begannen seine gesundheitlichen Probleme, er geriet in große Geldnot, und die Schauspieler waren unzufrieden mit	25

2 Ein Trauerspiel bzw. eine Tragödie behandelte bis zur Mitte des 18. Jahrhunderts nur Probleme von hochgestellten Persönlichkeiten. Bürgerliche erschienen auf der Bühne hauptsächlich als komische Figuren. Das änderte sich, als Lessing 1755 erstmals in Deutschland eine Bürgerliche zur Trägerin der tragischen Handlung machte: Miss Sara Sampson.

Jahr	Ort	Ereignis	Alter
		ihm. Er flüchtete nach Leipzig und lebte dann bei Freunden in Dresden.	
		Reise nach Weimar	
1787	Weimar	***Don Carlos*** erschien, und er begann mit der Arbeit an dem zeitgenössischen Roman ***Der Geisterseher***. Im Juli 1787 reiste Schiller nach Weimar. Dort lernte er Herder und Wieland kennen.	28
1788	Rudolstadt	Er lernte in Rudolstadt Familie von Lengefeld, besonders Charlotte v. Lengefeld hatte es ihm angetan, kennen und begegnet Goethe zum ersten Mal.	29
1789	Jena	Schiller erhielt durch Hilfe von Goethe eine Anstellung als Professor für Geschichte in Jena. Jetzt hatte er die finanziellen Möglichkeiten, eine Familie zu gründen.	30
1790	Jena	Er heiratete Charlotte v. Lengefeld. In den folgenden Jahren schrieb Schiller kein Drama und nur wenige Gedichte. Er beschäftigte sich mit Fragen der Geschichte und der Philo-	31

Jahr	Ort	Ereignis	Alter
		sophie, besonders mit der Philosophie Kants. In dieser Zeit erkrankte er wiederholt an Lungen- und Bauchfellentzündung, die er sich in Mannheim zugezogen hatte, und war nicht fähig zu arbeiten. Schiller überstand diese Krankheiten, doch die Folgen der Bauchfellentzündung bereiteten ihm für den Rest seines Lebens erhebliche Schmerzen.	
1792	Jena	Ihm wurde durch die französische Nationalversammlung das Bürgerrecht verliehen. Dies interessierte ihn nicht besonders, da er die Vorgehensweise der französischen Politiker ablehnte.	33
1794	Jena	Schiller und Goethe begegneten sich auf einer Sitzung der Naturforschenden Gesellschaft in Jena. Es soll eine lange Unterhaltung über Kunst und Kunsttheorie gegeben haben. Bald darauf entwickelte sich ein reger Briefwechsel, der zu einer engen Freundschaft führte.	35

Jahr	Ort	Ereignis	Alter
		Die Arbeit mit Goethe	
1796	Jena	In Zusammenarbeit mit Goethe entstanden die ***Xenien***, die im Musenalmanach[3] 1797 herausgegeben wurden. Humboldt war in dieser Zeit ein häufiger Gast Schillers.	37
1797	Jena	arbeitete Schiller verstärkt an den Balladen ***Der Taucher***, ***Die Kraniche des Ibykus***, ***Der Handschuh*** und an dem Drama ***Wallensteins Lager,*** das 1798 uraufgeführt wurde. Im Mai siedelte Schiller in das Jenaer Gartenhaus um.	38
		Weimar	
1799	Weimar	Schiller zog mit seiner Familie nach Weimar um. In diesem Jahr wurde die Trilogie ***Wallensteins Lager, Piccolomini, Wallensteins Tod*** in Weimar uraufgeführt. Ebenso stellte er ***Das Lied von der Glocke*** für den Musenalmanach fertig.	40
1800	Weimar/ Leipzig	Schiller erkrankte erneut schwer. Sein erster Gedichte-Band erschien und ***Maria Stu-***	41

3 Musenalmanach, erschien von 1796–1800 jährlich, er enthielt Werke und Leseproben verschiedener Autoren.

Jahr	Ort	Ereignis	Alter
		art wurde uraufgeführt. Schiller begann mit den Arbeiten an der ***Jungfrau von Orleans***, die im folgenden Jahr in Leipzig uraufgeführt wurde.	
1802	Weimar	Man erhob Schiller in den erblichen Adelsstand. Er arbeitete an der ***Braut von Messina*** und plante ***Wilhelm Tell***. Schiller wollte ein Volksstück schreiben, das Herz und Sinne interessiert und ein Stück für alle ist – wie der auf Bühnenwirksamkeit bedachte Theaterdirektor Iffland in Berlin wünschte.	43
1804	Weimar	Zu Beginn des Jahres vollendete Schiller ***Wilhelm Tell – Ein Schauspiel*** und es erschien bei Cotta in Tübingen. Im März wurde es in Weimar uraufgeführt. Der Däne Knud Lyne Rahbek übersetzte das Stück als Erster. Der Erfolg war so groß, dass 1805 eine 2. Auflage erfolgte. 1804 regte der Berner Schriftsteller Höpfner an, dass die gesamte Eidgenossenschaft die fünfhundertjährige Grün-	45

Jahr	Ort	Ereignis	Alter
		dung ihrer Freiheit mit diesem Schauspiel im Freien feierte. ***Wilhelm Tell*** war sein letztes vollendetes Drama. ***Demetrius oder die Bluthochzeit von Moskau*** blieb fragmentarisch.	
		Schillers Tod	
1805	Weimar	Am 9. Mai starb Schiller im 46. Lebensjahr nach einem erneuten Fieberanfall. Es war in Weimar Sitte, die Begräbnisse in der Nacht ohne großen Aufwand zu begehen. Er wurde am 11. um Mitternacht von jungen Gelehrten zu Grabe getragen. In den folgenden Monaten gab es aber immer wieder Nachrufe und Gedenkfeiern, die an den großen Dichter erinnerten.	45
1827	Weimar	Im Dezember wurde Schillers Leichnam in die Fürstengruft zu Weimar überführt.	

1.2 Zeitgeschichtlicher Hintergrund

Französische Revolution

Das prägende politische und gesellschaftliche Ereignis der Zeit war die Französische Revolution. Sie beeinflusste das Denken und Handeln der Menschen weit über die Grenzen Frankreichs hinaus. In Deutschland reichten die Reaktionen von überschwänglicher Begeisterung fast aller Intellektueller wie Kant, Klopstock, Schiller, Pestalozzi, Hölderlin und Hegel über eine wohlwollende, aber abwartende Einstellung des politisch gebildeten Bürgertums bis hin zur stummen, ungläubig staunenden breiten Bevölkerungsschicht. Sehr skeptisch und zurückhaltend verhielt sich Goethe, während der Adel und der Offiziersstand eine deutliche Ablehnung der revolutionären Ideen zeigte, da er in Begriffen wie Freiheit, Gleichheit und Brüderlichkeit eine Bedrohung seiner Privilegien sah.

Je größer jedoch der jakobinische Terror wurde, desto deutlicher wurde auch die Ablehnung einer derartigen Umsetzung von politischen Vorstellungen in Deutschland.

An der Wende vom 18. zum 19. Jahrhundert kennzeichnete eine Umbruchstimmung die politische, soziale, wirtschaftliche und kulturelle Situation in Deutschland. Die absolutistische Ordnung des Ancien Regime zeigte aufgrund der gesellschaftlichen Veränderungen erste Auflösungserscheinungen. Die gesamteuropäische Geistesbewegung, die Aufklärung, die Ereignisse in Frankreich und Amerika hatten auch in Deutschland ein kritisches demokratisches und republikanisches Bewusstsein gefördert. Mit Hilfe der Kunst und Literatur wurde diese Entwicklung durch die Vermittlung der Freiheitsideale maßgeblich beinflusst.

Zwischen 1750 und 1800 wuchs die Bevölkerung in Deutsch-

land um 50 %, regional sogar um 100 % an. Dies bedeutete auch eine wesentlich höhere landwirtschaftliche und gewerbliche Produktion, die nur durch eine Neustrukturierung der Arbeitsbedingungen zu gewährleisten war. So lagen die Anfänge der industriellen Revolution und die Entstehung der „Arbeiterklasse" im ausgehenden 18. Jahrhundert und waren Wegbereiter eines enormen gesellschaftlichen Wandels, dessen Ausmaße dann im 19. Jahrhundert spürbar wurden.
Das Heilige Römische Reich Deutscher Nation erwies sich um 1800 als marodes Staatsgebäude, welches unter den ersten Angriffen Napoleons ohne große Gegenwehr zusammenbrach. Dieses Machtvakuum nutzte Napoleon aus und ordnete die Belange Deutschlands neu. – Als 1804 *Wilhelm Tell* aufgeführt wurde, wurde Napoleon zum Kaiser gekrönt.

Zeitraum zwischen 1795 und 1815

Der Zeitraum zwischen 1795 und 1815 war gekennzeichnet durch Kriege und politische Instabilität, dies begünstigte die Ausbildung lokaler kultureller Zentren wie Berlin, Jena, Weimar, Leipzig, Heidelberg oder Stuttgart. Hier versammelten sich Philosophen, Wissenschaftler, Dichter und Verleger auf engem Raum, um ihre Ideen einer immer größer werdenden Leserschaft im gesamten deutschsprachigen Raum zu vermitteln.
Die kulturell aufgeschlossene Klassik bekam wichtige Anregungen durch die Auseinandersetzung mit anderen Epochen und philosophischen Anschauungen.
Der Archäologe Johann Winckelmann (1717–1768) verwies auf die griechische Antike, in der er das Schönheitsideal verwirklicht sah. Für ihn zeigten die Werke der Antike leidenschaftlich bewegten Ausdruck und gleichzeitig eine ruhige, große Seele.
Die Leitbegriffe der Aufklärung wie Toleranz, Humanität,

Weltbürgertum und der Glaube an die Entwicklungsfähigkeit des Menschen wurden übernommen, während aus der Zeit des Sturm und Drang die Auseinandersetzung mit den Möglichkeiten und Grenzen des einzelnen Menschen weitergeführt wurde.
Eine große Wirkung ging auch von der Philosophie des deutschen Idealismus aus, besonders von den Vorstellungen Immanuel Kants (1724–1804):
Kritik der reinen Vernunft (1781): Kant stellte fest, dass eine absolute Erkenntnis nicht möglich ist. Das, was wir glauben wahrzunehmen, entspricht nicht der tatsächlichen Wirklichkeit, es ist immer subjektiv.
Kritik der praktischen Vernunft (1788): Die Vernunft ist in der Lage, Recht von Unrecht zu unterscheiden. Der Mensch hat einen freien Willen. Wenn er sich den Einflüssen der Außenwelt fügt, wird er unfrei. Frei ist der Mensch dann, wenn er dem Sittengesetz folgt. Dies nannte Kant den kategorischen Imperativ, es ist ein in allen Situationen geltender Befehl. Er besagt, dass der Grundsatz des freien Handelns für alle Menschen gelten muss.
Kritik der Urteilskraft (1790): Das Schöne besitzt einen Eigenwert, die Kunst ist frei von moralischen, gesellschaftlichen und weltanschaulichen Absichten und gehorcht nur seiner eigenen Zweckmäßigkeit.
Klassische Epochen (in Griechenland die Zeit des Perikles, in Rom die Zeit des Augustus, in England die Zeit Elisabeth I., Weimarer Klassik) setzen eine hohe Kulturstufe voraus: Die Gesellschaft zeichnet sich durch Bildung, Wissen um die eigene Geschichte, ein geschlossenes Weltbild mit einem Wertekanon und differenzierte Sprache aus.
Die kennzeichnenden Merkmale und Themen der Weimarer Klassik sind der Glaube an die Bildungsfähigkeit des Men-

schen (z. B. Goethes *Wilhelm Meister*), die Suche nach einem Ausgleich zwischen Extremen wie Gefühl und Vernunft, Individuum und Gesellschaft (z. B. Schiller *Wilhelm Tell*), Orientierung an den Schönheitsidealen der Antike, Streben nach Humanität, Toleranz genüber anderen Meinungen und das Bekenntnis zum Weltbürgertum, wobei die Tagespolitik uninteressant ist.
Die Sprache der Weimarer Klassik ist eine stilisierte Kunstsprache, sie entwickelte sich nicht aus der Gesellschaft, sondern ist eine von den Autoren geschaffene Form. Daher sind ihr Mundart und Umgangssprache fremd. Dies zeigt sich am deutlichsten in den Dramen, wo individuelle Gefühle kaum sichtbar werden, Extreme ausgeklammert bleiben und die handelnden Personen rhythmisiert und sentenzenhaft sprechen.

Weimar, die literarische Hauptstadt Deutschlands

Der weimarische Zwergstaat hatte 106 000 Einwohner, in der Residenzstadt lebten 6 000 Bürger, von denen der größte Teil am Hof arbeitete, und sie wurde zum literarischen Zentrum der damaligen Welt. Zur gleichen Zeit lebten in Berlin 170 000, in Wien 240 000, in London 800 000 Einwohner, um so erstaunlicher ist Entstehung einer einmaligen kulturellen Szene in so einer kleinen Stadt.

Anna-Amalia, Prinzessin von Braunschweig-Wolfenbüttel

Möglich wurde dies durch eine Frau, Anna-Amalia, Prinzessin von Braunschweig-Wolfenbüttel, die 1756 Ernst Augustin von Weimar heiratete. Schon zwei Jahre nach ihrer Hochzeit verstarb der Herzog, so dass sie, bis zur Volljährigkeit ihres ältesten Sohnes Karl August, die Regentschaft übernahm. Die Herzogin berief Wieland als Erzieher an ihren Hof und erwies sich als liberale, tatkräftige Herrscherin.

Sie war bestrebt, möglichst viele Talente nach Weimar zu holen, und ihr Hof wurde zum Treffpunkt selbstbewusster bürgerlicher Schriftsteller und der aristokratischen Gesellschaft. Ihr Sohn Karl August übernahm 1775 die Herrschaft und führte die Ideen seiner Mutter fort.
Er berief Goethe an seinen Hof, 1776 übernahm Herder ein hohes Kirchenamt, 1799 zog Schiller in die Stadt, Fichte begeisterte die Studenten der philosophischen Fakultät zwischen 1794 und 1799 durch seine Vorlesungen und Hegel lehrte dort zwischen 1801 und 1806. Entscheidend für die Entwicklung der Stadt und der in ihr lebenden Schriftsteller sind aristokratische Frauen gewesen: Sophie La Roche führte Wieland in die Welt der Salons ein, Charlotte von Kalb wirkte entscheidend auf Schiller ein und Goethe wurde durch Charlotte von Stein gefördert.
Die Wirkung der beiden großen Klassiker Schiller und Goethe blieb auf ein elitäres Publikum beschränkt. Der größere Teil der damaligen Gesellschaft bevorzugte bürgerliche Rührstücke von Iffland und Kotzebue.

Schillers Zeit in Jena und Weimar (1789 bis 1805)

Die Gespräche mit Körner, Herder und Wieland hatten Schiller seine lückenhafte Bildung gezeigt. Er interessierte sich immer stärker für Geschichte. Der Historiker Schiller sah in der Geschichte eine übergreifende Ordnungsmacht, er konnte sich besonders für die revolutionären Zeitalter wie den Abfall der Niederlande oder die Gegenreformation begeistern. Hier wurde um die Freiheit gerungen und imponierende Menschen kämpften für ihre Ideen. Aus diesem Studium der Geschichte ging sein Werk *Die Geschichte des Abfalls der vereinigten Niederlande von der spanischen Regierung* (1788)

Studium der Geschichte

hervor und auch im *Don Carlos* hat er sich mit diesem Thema auseinander gesetzt. Schiller glaubte fest daran, dass Fortschritt nur möglich ist, wenn die Gedanken frei sind und Unterdrückte ein Recht auf Widerstand gegen Despoten haben. Sein Werk wurde begeistert aufgenommen und brachte ihm mit Goethes Unterstützung eine Geschichtsprofessur in Jena. Dort verfasste er die *Geschichte des Dreißigjährigen Kriegs*, die die stoffliche Grundlage zu seiner *Wallenstein-Trilogie* bildete. Schiller verlagerte seine Interessen von Ereignissen auf vielschichtige und auch widersprüchlichenCharaktere wie Gustav Adolf oder Wallenstein. Es war ihm wichtig, die Abgründe, in die Menschen geraten können, zu beleuchten, die zwielichtigen Gestalten und ihr Streben nach Macht zu betrachten.

Schiller hatte in Jena so hart gearbeitet, dass seine Gesundheit darunter litt. Er erkrankte an einer schweren Lungenentzündung und einer Rippenfelleiterung, an der er fast starb. Er wurde nur langsam wieder gesund und die Behandlungen und Kuren verbrauchten viel Geld. Als dies bekannt wurde, gewährten ihm „Sponsoren" ein jährliches Gehalt von 1000 Talern. Jetzt hatte Schiller die Gelegenheit, sich intensiv mit der Philosophie Kants zu beschäftigen.

Das lange Studium und die Auseinandersetzung mit geschichtlichen und philosophischen Fragen hatten Schiller Klarheit gegeben, was er künstlerisch erreichen wollte. Aber erst die Freundschaft mit Goethe förderte sein literarisches Schaffen erneut. In Weimar entstand 1800 *Maria Stuart*, gefolgt von *Die Jungfrau von Orleans* 1801 und *Die Braut von Messina* 1803. Sein letztes Werk, *Wilhelm Tell*, entstand 1804, kurz vor seinem Tod.

In Schillers Denkweise wird eine für den Sturm und Drang wesentliche Absicht deutlich: dem Menschen zu einer größtmöglichen Erweiterung seiner Fähigkeiten zu verhelfen und alles abzulehnen, was dem im Wege steht, wie dogmatische Ideologien, einengende politische und gesellschaftliche Systeme oder eine einseitige Kulturentwicklung. Er ging davon aus, dass der Mensch sowohl eine sinnliche als auch eine vernünftige Natur besitzt. Daraus ergibt sich das Grundgesetz seiner Dichtung: Das Prinzip der pathetischen Darstellung. Sie ist zum einen eine Darstellung der leidenden Natur und zum anderen Darstellung der moralischen Selbstständigkeit im Leiden. Dies beschreibt Schiller in seiner Abhandlung *Über das Pathetische*, 1793. In Schillers Menschenbild herrscht sowohl die Kraft der Natur als auch die Idee der Sittlichkeit. In seinen Dramen möchte er mit Hilfe des Mitleids die Erfahrung der Sittlichkeit wecken und diese dann als die der Sinnlichkeit überlegene Kraft darstellen.

Prinzip der pathetischen Darstellung

Die schrecklichen Ereignisse der Französischen Revolution hatten den anfangs begeisterten Schiller nachdenklich gemacht. Er sah nicht mehr im gewaltsamen Umsturz den Weg zu einer veränderten Gesellschaft. Seiner Überzeugung nach muss sich erst der Mensch verändern, um eine neue Staatsform zu schaffen.

1.3 Angaben und Erläuterungen zu wesentlichen Werken

„Durch alle Werke Schillers geht die Idee von Freiheit, und diese Idee nahm eine andere Gestalt an, so wie Schiller in seiner Kultur weiterging und selbst ein anderer wurde. In seiner Jugend war es die physische Freiheit, die ihm zu schaffen machte und in seine Dichtungen überging, in seinem späteren Leben die ideelle."[4] (Goethe)

Die Räuber (1782)

Karl und Franz, die verfeindeten Brüder des Grafen von Moor, sind absolute Gegensätze. Beide werden zu Verbrechern, die gegen die Vaterautorität rebellieren. Franz empört sich gegen die Sinnlosigkeit der Welt, indem er seine Pläne mit berechnender Vernunft verfolgt. Karl fordert Rache an einer verdorbenen Gesellschaft. Beide zerbrechen an der göttlichen Ordnung.

Die Verschwörung des Fiesko zu Genua (1783)

Der adlige Titelheld schwankt zwischen dem Kampf für die Freiheit der Republik und eigenem Machtstreben. Zusammen mit anderen Verschwörern stürzt er den tyrannischen Herrscher und will dann die Alleinherrschaft erlangen. Ein Mitverschwörer tötet ihn, um die Sache des Volkes zu retten.

---

4 zitiert nach Grabert, S. 141

***Luise Millerin*, späterer Titel: *Kabale und Liebe* (1783)**

Das bürgerliche Trauerspiel zeigt eine realistische Sicht der biederen Bürgerwelt und der lasterhaften Umgebung eines Fürsten. Durch Intrigen wird die Liebe zwischen einer Bürgerlichen und einem Adligen zerstört, sie sterben beide.

***Don Carlos* (1787)**

Dem absoluten Monarchen Philip II von Spanien tritt der Marquis Posa gegenüber, ein Freund Don Carlos'. Er zeigt die Unbeirrbarkeit eines Idealisten, dessen Untergang den Glauben an die Freiheit nicht zerstören kann. Er opfert sich für Carlos und erlangt dadurch Größe, während die bestehende Ordnung nicht überleben kann, da sie die Menschenwürde verachtet.

***Wallenstein Trilogie* (1797–1799)**

Sie macht die Zeit der Religionskriege lebendig und umfasst die Tragödie des Idealisten wie des Realisten. So sucht Max Piccolomini den Tod, um seine sittliche Freiheit zu bewahren. Für Wallenstein ist kluge Berechnung maßgebend. Er wird in dem Augenblick zum Opfer, als er seine Entscheidungsfreiheit zurückgewinnen möchte.

***Maria Stuart* (1800)**

Der Gegensatz der Königinnen wird stark betont. Elisabeth, die politische Siegerin, bleibt vereinsamt zurück. Maria sieht in dem ungerechten Urteil die Sühne für frühere Schuld und gewinnt, das Todesurteil annehmend, an Einsicht und innerer Stärke.

***Die Jungfrau von Orleans* (1801)**

Der tragische Konflikt spielt sich im Inneren der Heldin, eines einfachen Hirtenmädchens, ab. Sie ist berufen, das Land aus den Händen der Engländer zu befreien. Durch die Liebe zu ihrem Feind, einem Engländer, gerät sie in einen tragischen Konflikt. Die Gefahr der Untreue gegenüber ihrer Berufung überwindet sie durch ihren Tod.

***Die Braut von Messina* (1803)**

In der Familientragödie verlieben sich zwei verfeindete Brüder in dasselbe Mädchen. Don Cesar erdolcht seinen Bruder, erst dann erkennt er in der Geliebten seine Schwester. Für ihn gibt es nur eine Möglichkeit, die Freiheit wiederzugewinnen: Er tötet sich zur Sühne für seine Verbrechen.

***Wilhelm Tell* (1804)**

Das Volk der Schweizer wird vom Vogt Geßler grausam unterdrückt. Während die Bewohner der drei Urkantone dem erlittenen Unrecht mit einem Schwur am Rütli begegnen, mit dem sie ihren Willen zur Freiheit und zur gemeinsamen Zukunft bekunden, bedarf es erst der Apfelschussszene, um Tells naives Vertrauen in die gegebene Ordnung zu erschüttern. In seinem Monolog (IV,3) gelangt er durch Reflexion zum bewussten politischen Handeln: es ist auch eine Tat für die Gemeinschaft, für einen Staat ohne Standesunterschiede und ein Leben in Freiheit.

2. Textanalyse und -interpretation

2.1 Entstehung und Quellen

Das letzte Werk, das Schiller noch vollendete, war das Schauspiel *Wilhelm Tell*. Es war in Hinblick auf seine Wirkung und Rezeption das wirksamste und zugkräftigste seiner Dramen. Dies war umso erstaunlicher, als Schiller nie in der Schweiz war. Er konnte aber auf vielerlei Material zurückgreifen.

Quellen

Der Tellstoff zu Schillers Drama

Bezüglich der Quellen sah sich Schiller einer langen und vielschichtigen Tradition in der Behandlung des Stoffes gegenüber, daher ist der Verlauf nicht so einfach nachzuzeichnen.
Zu einem sehr alten und internationalen Traditionsgut gehört die Sage von dem Schützen, der durch einen Herrscher zum Schuss gezwungen wird und sich anschließend durch einen tödlichen Schuss auf den Despoten rächt. So geschieht es in der germanischen *Thidrek-Saga* oder in der englischen Ballade über William of Cloudesly oder in der Geschichte des Robin Hood.
Der Überlieferung des dänischen Geschichtsschreibers Saxo Grammatikus (um 1180) kommt Wilhelm Tell am nächsten. Er setzt die Sage in die Zeit des Königs Harald Blauzahn (um 950): Der König zwingt den berühmten Schützen Palna Toko, einen Apfel vom Kopf seines Sohnes zu schießen. Toko nimmt drei Pfeile aus dem Köcher und trifft mit dem ersten

den Apfel. Auf Haralds Frage, warum er die anderen Pfeile herausgenommen habe, antwortet er: "Um dich, falls ich den Apfel nicht getroffen hätte, zu töten!" Harald wird letztendlich von Toko aus dem Hinterhalt erschossen.

Wie diese Sage in die Schweiz gelangte, in der aus Toko „Tell" wurde, ist nicht mehr nachweisbar. Feststellbar ist aber, dass im 15. Jahrhundert in der Schweiz das Wissen um die eigene Herkunft immer wichtiger wurde, und man war davon überzeugt, dass die Schweizer nordischer Abstammung (Schweden/ Goten, Hunnen) seien. Daher auch das Interesse an nordischem Sagenstoff.

Die Eidgenossen, die sich zu einem gefürchteten Kriegsvolk entwickelt hatten, waren auf den Schlachtfeldern so erfolgreich (die Siege gegen den mächtigen Burgunderherzog Karl den Kühnen 1476/77), dass sie ein bedeutender Machtfaktor wurden. Es bildete sich ein Nationalgefühl heraus, das sich auch in der ganz selbstbewusst niedergeschriebenen Staatsgeschichte widerspiegelte.

In den nun entstehenden Erzählungen werden zwei Handlungen stets miteinander verknüpft: Das Schicksal des Meisterschützen Tell und die Geschichte der schweizerischen Eidgenossenschaft.

Beispiele dafür sind: Das ***Bundeslied*** von 1471, das älteste fassbare Zeugnis, das den Befreiungskampf der Waldstätte in Verbindung mit Wilhelm Tell erzählt. Das ***Weiße Buch von Sarnen*** (1470–1472) schildert Tell, hier heißt er Tall bzw. Thal, nicht als Urheber des Bundes. Er ist der Kämpfer für die Freiheit. Sein Schicksal steht neben dem von Baumgarten, Stauffacher und Melchthal. Der Befreiungskampf ist auf die drei Waldstätte verteilt, aus jedem der drei Gebiete wird eine charakteristische Geschichte erzählt. Dies ist auch bei

Schiller der Fall. Die Geschichte von Toko wird übernommen und auf die Schweizer Örtlichkeiten übertragen. Diese Fassung der Tell Geschichte findet sich in den folgenden Chroniken wieder, wie

in dem ***Chronicon Helveticum*** des Ägidius Tschudi, welches um 1550 entstand, aber erst 1734 erstmals gedruckt wurde. Hier ist Tell einer der Mitverschworenen. Dieses Werk zeichnet sich durch Detailschilderungen und eine chronologische Genauigkeit (s.u.) aus. Diese Darstellung ist – zusammen mit dem Werk von Johannes von Müller ***Geschichte schweizerischer Eidgenossenschaft*** (1786) – zur Hauptquelle für Schiller geworden. Er hat daraus Passagen wörtlich übernommen.

Im ***Urner Tellenspiel*** von 1512/13, dies ist die erste dramatische Gestaltung des Stoffes und zugleich das älteste bekannte politische Drama der deutschen Literatur, ist Tell neben Melchthal und Stauffacher einer der drei Bundesgründer. Auffällig ist hier die herausragende Stellung des Kantons Uri. Ob Schiller dieses Stück kannte, ist umstritten.

Wilhelm Tell ist seit dieser Zeit in zwei Überlieferungsformen zu finden: Im Bundeslied und in den Tellenspielen, hier ist er der der Freiheitsheld und Begründer des Bundes. In der Chronik dagegen ist sein Einsatz für die Befreiung einer von vielen.

Die geschichtliche Wahrscheinlichkeit des Meisterschützen Wilhelm Tell wird heute nicht mehr angenommen. Besonders die häufig wechselnden Namen weisen darauf hin, dass die Figur des Tell aus dem internationalen Sagenstoff stammt. Die Frage, ob Tell Züge eines Urner Helden trägt, kann nicht beantwortet werden, da keine schriftlichen Zeugnisse überliefert sind.

Entstehung und Überlieferung des Tell-Stoffes

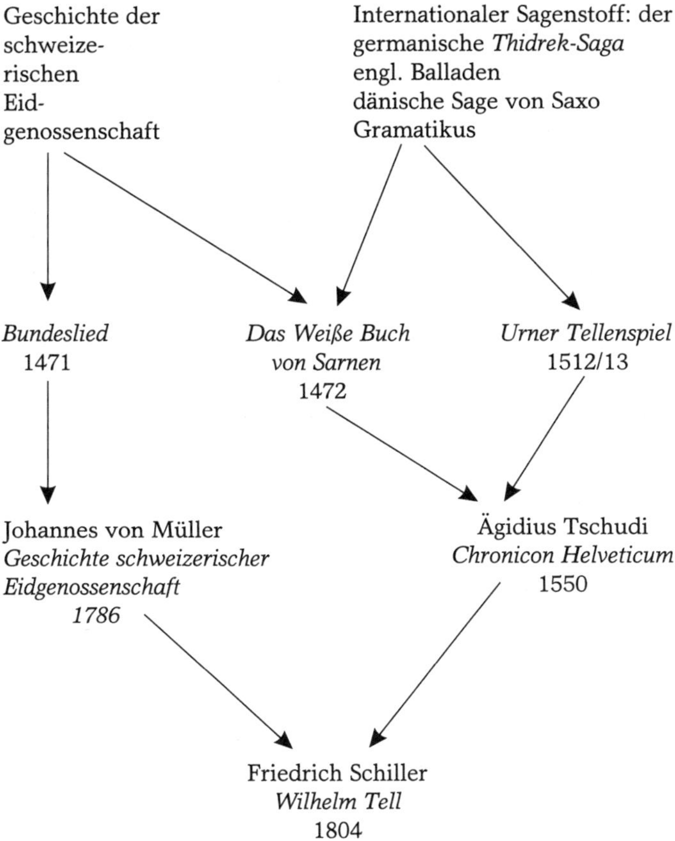

Die wesentlichen Ereignisse des schweizerischen Aufstandes nach dem *Chronicon*

Da Schiller bei der Bearbeitung des Tellstoffes vor allem die Chronik des Ägidius Tschudi und das Werk des Schweizer Historikers Johannes von Müller, das sich ebenfalls sehr stark auf Tschudi stützt, heranzog, sollen die wesentlichen Ereignisse des schweizerischen Aufstandes nach dem *Chronicon Helveticum* kurz ausgeführt werden:

1304 Schwyz, Unterwalden und Uri, die drei Waldstätten genannt (später Kantone), bitten König Albrecht I. von Habsburg, einen Reichsvogt zu entsenden, der in den unmittelbaren Gebieten als höchster Gerichtsherr wirken soll. Der König setzt die Landvögte Geßler und Landenberg ein, der wiederum Wolfenschießen zum Vogt auf der Burg Roßberg ernennt.

1305 Wiederholt klagen die freien Waldstätten über die Tyrannei der Vögte. Der König weist sie aber ab.

1306 Wolfenschießen wird von Baumgarten erschlagen, da er dessen Frau vergewaltigen wollte. König Albrecht vertröstet Herzog Johann von Schwaben (später Parricida) bezüglich seines Erbanspruches.

1307 Ein Knecht Landenbergs wird von Melchthal verwundet; zur Vergeltung wird der Vater Melchthals geblendet, ihm werden die Augen ausgestochen. Geßler lässt die Zwing Uri errichten und stellt den Geßlerhut auf. Baumgarten, Walter Fürst und Melchthal verbünden sich mit dem Ziel, das Land von der Gewaltherrschaft zu befreien. Alle freiheitsliebenden Männer in den Waldstätten sollen sich auf dem Rütli treffen. Werner von Attinghausen und andere Mitglieder des heimischen Adels geraten in Konflikte mit den Vögten. Herzog Johann wird wiederum mit seinem Erbanspruch vom König abgewiesen. In Zusammenkünften auf dem Rütli beschließt man, mit dem Aufstand bis zum Dezember zu warten. Tell weigert sich, den Geßlerhut zu grüßen, wird in Haft genommen und gezwungen, den Apfelschuss zu tun, kann auf der Bootsfahrt zu Geßlers Burg entkommen und erschießt den Landvogt.

1308 Roßberg, Sarnen und Zwing Uri fallen den aufständischen Bauern in die Hand. Die Eidgenossen schwören sich gegenseitig Beistand für den Fall eines Angriffs. Albrecht I. plant einen Unterwerfungsfeldzug, es kommt jedoch nicht dazu, da der König einem Anschlag seines Neffen Johann von Schwaben zum Opfer fällt.

Schiller hat den Handlungsverlauf insgesamt – im Hinblick auf die Umsetzung in ein Drama – gestrafft, aber auch in Teilbereichen (Apfelschuss-Szene, Rudenz-Berta-Handlung) ausgeweitet. Schiller selbst sagte in einem Brief an G. Körner, am 09. 09. 1802, dass er mit dem Material zur Schweizer Geschichte „so viel poetische Operation" vorgenommen habe, dass die Handlung „aus dem Historischen heraus und ins Poetische eingetreten ist". Die wichtigste Veränderung gegenüber der Quelle ist die, dass das Schicksal Wilhelm Tells an Bedeutung gewinnt. Bedeutend ist nicht mehr allein der Apfelschuss, sondern sein besonnenes Handel wird zum Signal des Aufstandes.
Der Zuschauer, Leser oder Interpret soll den Text nicht nur

als dramatische Darstellung „wirklicher" Ereignisse sehen, sondern sich des fiktiven Geschehens bewusst sein.

Die Ereignisse nach heutiger Geschichtsforschung

Seit **1032** gehörte ein großer Teil der heutigen Schweiz unmittelbar und mittelbar zum Heiligen Römischen Reich Deutscher Nation. Das Gebiet der drei Waldstätten war fast ausschließlich von Bauern besiedelt, es gab Großgrundbesitzer, aber keinen eigentlichen Feudal- oder Erbadel.
1231 erreichte Uri die Reichsunmittelbarkeit, d. h. ein aus der Gegend stammender Amtsmann stand an der Spitze einer freien Selbstverwaltung und war dem König bzw. Kaiser verantwortlich.
1240 erhielt auch Schwyz den Freiheitsbrief.
Mit der Königswahl von Rudolf von Habsburg, dessen Grundbesitz auf dem Gebiet der heutigen Schweiz lag, änderte sich die Situation völlig. Der Habsburger, bestrebt, seinen eigenen Besitz zu vergrößern, wurde als König zu einem Nachbarn und zu einer Bedrohung. Rudolf von Habsburg erwarb immer mehr Land um die Waldstätten und isolierte sie auf diese Weise. Die Waldstätten an sich waren nicht reich, aber sie hatten durch die Gotthardstraße und den damit verbundenen Zöllen eine verkehrspolitische Schlüsselstellung. Dadurch waren sie für den Habsburger so wichtig.
Er setzte Reichsvögte ein, die ihm unterstanden und in seinem Sinne handelten. Sie waren verhasst, weil sie die Traditionen und Rechte der Waldstätten überhaupt nicht achteten. Nach dem Tod Rudolfs bot sich die Gelegenheit für die Waldstätten Uri, Schwyz und Unterwalden zu einem Bund. Sie verpflichteten sich, für immer die Rechtsverhältnisse, wie sie vor König Rudolf geherrscht hatten, wiederherzustellen und sich auf eigene Kosten zu verteidigen.

1298 kam König Albrecht von Österreich an die Macht. Er verfolgte ohne Rücksicht die habsburgische Machtpolitik. So verweigerte er die Bestätigung der alten Freiheitsbriefe und strebte die Unterwerfung der Waldstätten an. Dazu kam es aber nicht mehr, weil er einem Mordanschlag des Herzogs von Schwaben, dem er sein mütterliches Erbe nicht geben wollte, zum Opfer fiel (**1308**). Dies war das Signal für die Eidgenossen der Waldstätten, die verhassten Reichsvögte aus dem Land zu jagen und einige Burgen zu zerstören (zu schleifen).

1315 versuchte erneut ein Habsburger, Leopold von Österreich, die Waldstätten zu unterwerfen. Er wurde von den Bauern in der Schlacht von Morgarten vernichtend geschlagen.

In der folgenden Zeit traten immer mehr Orte der Eidgenossenschaft bei wie Bern, Luzern, Glarus, Zürich und Zug. Ihre Söldner wurden seit Anfang des 15. Jahrhunderts zu gefürchteten Gegnern.

1648 löste sich die Schweiz im Westfälischen Frieden vom Deutschen Reich. Als **1798** (sechs Jahre vor Schillers *Wilhelm Tell*) die Eidgenossenschaft durch französische Truppen besetzt wurde, erhielt sie eine neue Verfassung und einen neuen Namen: Neue Helvetische Republik. Nach **1813** entwickelte sie sich zu einem modernen Bundesstaat. Das föderative Staatssystem, das den einzelnen Kantonen eine relativ große Selbständigkeit in der Verwaltung lässt, erinnert an die historischen Gegebenheiten.

Als Anerkennung für die geschichtlichen Leistungen werden Uri, Schwyz und Unterwalden heute als die drei „Urkantone" bezeichnet.

Entstehung

Die Arbeit am *Wilhelm Tell* lässt sich anhand von Gesprächen, Briefen und Notizen in Schillers Arbeitskalender nachzeichnen. Bis 1802 kannte Schiller den Tell-Stoff nur oberflächlich. Er entschloss sich nur zögerlich, diesen Stoff zu bearbeiten. Daher kam es zu mehreren Unterbrechungen.
Im Zuge der Gespräche mit dem Schauspieldirektor August Wilhelm Iffland wegen der Theateraufführungen in Weimar und Berlin wurden Umarbeitungen vorgenommen, die zum Teil auch in die im Oktober 1804 veröffentlichte Buchausgabe einflossen.

Goethe hatte ein Tell-Epos geplant; er versorgte den Freund mit Anschauungsberichten über die Eigenarten der Eidgenossen, ihre Sitten und Gebräuche und die großartige Natur der Schweiz.
Die Schweiz galt im 18. Jahrhundert als das Land republikanischer Freiheit, ehrwürdiger Sitten und friedlicher Bürgerlichkeit. Das Thema des Schauspiels garantierte ein reges Publikumsinteresse. Schiller teilte Wilhelm von Wolzogen (1762–1809), Schillers Schwager, am 27. 10. 1803 Folgendes mit:

> *„... auch ich bin leidlich fleißig und arbeite an dem Wilhelm Tell, womit ich den Leuten den Kopf wieder warm zu machen gedenke. Sie sind auf solche Volksgegenstände ganz verteufelt erpicht, und jetzt besonders ist von der schweizerischen Freiheit desto mehr die Rede, weil sie aus der Welt verschwunden ist."*[5]

5 Fritz Jonas, Bd. 7, zitiert nach J. Schmidt, S. 75

Französische Truppen hatten 1798 die Schweizer Kantone besetzt und ihnen die helvetische Verfassung aufgezwungen. Die Schweiz wurde zu einem französischen Protektorat und die alte Eidgenossenschaft ging unter. Im Erscheinungsjahr des Schauspiels 1804 wurde Napoleon in Paris zum Kaiser gekrönt, und Frankreich dehnte seine Machtbereiche in Mitteleuropa immer weiter aus. Ein Tyrannenmord auf der Bühne war zu dieser Zeit gewiss etwas Unerhörtes, und er musste zur Begründung von vielen Seiten beleuchtet werden.
Schiller wandte sich im *Wilhelm Tell* von den Figuren der Könige, Fürstinnen und Feldherren ab und ein Volk wurde zur Hauptgestalt eines Dramas. Dies hatte eine andere Dramenstruktur zur Folge. Die dramatische Einheit bildete jetzt nicht mehr der Akt, sondern die Szene prägte den Aufbau. Sie wurde ausführlicher, differenzierter und in sich gegliedert. Dadurch gewann sie an Eigenwert (vgl. Aufbau, S. 56 ff.). Für Schiller war eine Abgrenzung des Aufstandes der Schweizer von den Ereignissen der Französischen Revolution, die für ihn zum aktuellen Zeitgeschehen gehörten, ganz besonders wichtig. Schiller erkannte, dass sich die Idee der Französischen Revolution nicht in die Wirklichkeit umsetzen ließ. Ein Staat, der sich auf Vernunft begründet, war seiner Meinung nach nicht möglich, da die Menschen für politischen und bürgerliche Freiheit nicht reif genug waren. Erst muss der Mensch seinen Charakter veredeln, dann kann sich die Gesellschaft revolutionieren. 1788 schrieb Schiller an eine Freundin:

„Der Staat ist ein Menschenwerk, der Mensch ist ein Werk der unerreichbaren großen Natur. (...) Der Staat ist nur eine Wirkung der Menschenkraft, nur ein Gedankenwerk, aber der Mensch ist die Quelle der Kraft selbst und der Schöpfer des Gedankens."

Für ihn blieb der Einzelne der Gesellschaft vorgeordnet. Dies lässt sich sowohl inhaltlich als auch im Dramenaufbau zeigen.

Am 18. 08. 1803 erklärte er Wilhelm von Humboldt (1767–1835):

„'Wilhelm Tell' ist es jetzt, was mich beschäftigt; aber dieser Stoff ist sehr widerstrebend und kostet mich Mühe; da er aber sonst großen Reiz hat und sich durch seine Volksmäßigkeit so sehr zum Theater empfiehlt, so lasse ich mir die Arbeit nicht verdrießen, ihn endlich doch zu überwältigen."[6]

Schiller wurde durch einen Brief des Historikers Johannes von Müller an Goethe, vom 21. September, den ihm dieser übersenden ließ, aufgemuntert:

„Ich freue mich unendlich auf die Bearbeitung Tells. Empfehlen Sie [Goethe] mich Ihrem großen Freunde, welchen ich sehr verehre (...). Wie viel von Habsburg, dem Hause, dem Land und Hof, und von dem alten Gebirg lässt sich unvergleichlich malerisch herausheben! Es ergreift mich selbst, indem ich 's mir denke."[7]

---

6 Fritz Jonas, Bd. 7, zitiert nach J. Schmidt, S. 73
7 Gustav Kettner, Bd. 1, S. 39

Schiller war nun zuversichtlicher und hoffte, Ende März fertig zu sein. Iffland schrieb er am 05. 12. 1803:

> *„Gern wollte ich Ihnen das Stück Aktenweise zuschicken, aber es entsteht nicht Aktenweise, sondern die Sache erfordert, dass ich gewisse Handlungen, die zusammen gehören, durch alle fünf Akte durchführe, und dann erst zu andern übergehe. So z. B. steht der Tell selbst ziemlich für sich in dem Stück, seine Sache ist eine Privatsache, und bleibt es, bis sie am Schluss mit der öffentlichen Sache zusammengreift."*[8]

Als das Stück in Berlin aufgeführt werden sollte, kam es zwischen Schiller und Iffland zu einem schriftlich ausgetragenen Streit wegen einiger Stellen im Drama, die Iffland für schlecht konzipiert, für politisch anstößig hielt:

Iffland meinte:

> *„Als ich im Lesen an den Monolog Tells kam, ward ich sehr gespannt, als ich auf die zweite Seite gerieth, verlor sich diese Spannung; und da der Monolog zu Ende war, bemeisterte sich meiner eine wunderbare Empfindung. Das Bildnis Tells hatte den lieblichen Schimmer verloren, die Vernunft konnte den langsamen, festen Vorsatz des Mordes begreifen; aber ich weiß nicht, was sich inwendig regte und mir zuflüsterte; so lange sollte Tell vor dem Morde nicht da stehen und mit sich allein dabei reden. Freilich heißt dies Reden eigentlich dencken, und soll nicht Reden bedeuten; allein diese Bemerkung vergisst sich, und der Tell verliert darüber."*[9]

---

8 Fritz Jonas, Bd. 7, zitiert nach J. Schmidt, S. 75 f.
9 Fritz Jonas, Bd. 7, zitiert nach Lecke, S. 490–492

Schillers Antwort:

„Gegen Empfindungen lässt sich durch Argumente nicht streiten. Tells Monolog, das beste im ganzen Stück, muss sich also selbst erklären und rechtfertigen. Gerade in dieser Situation, welche der Monolog ausspricht, liegt das Rührende des Stücks, und es wäre gar nicht gemacht worden, wenn nicht diese Situation und dieser Empfindungszustand, worin Tell sich in diesem Monolog befindet, dazu bewogen hätten.
Übrigens ist dieser Monolog bei der Vorstellung von einer sehr hohen und allgemeinen Wirkung gewesen, und kein Teil der Rolle war für den Schauspieler so belohnend."[10]

Zur Parricida-Szene kritisierte Iffland:

„Als im 5. Akt Stauffacher den Mord Kaiser Alberts erzählt, dachte ich, nun werden die Schweizer die That verabscheuen, den Schluss fassen, die Mörder nicht aufzunehmen, und dann wird alles zu Tell sich wenden und in der größten Einigung das Stück enden.
Nun war es mir, als hielte sich alles Volck zu lange bei dieser Katastrophe auf und bei den Briefen der Königin. Die Erscheinung des Parricida befremdet mich; was mit ihm vorgeht, gab mir Missgefühl. Es erschien mir, als übe Tell sich zu hart. Es führt mich von der Sache weg. Überhaupt konnte und kann ich des Gedanken mich nicht erwehren, Parricida sollte gar nicht erscheinen, und es sollte überall Tells Wohnung im 5. Akt nicht da seyn. Man wird aus dem Großen gleichsam ins Detail geführt, und es ist mir, als ginge die Empfindung diesen Gang mit Widerstreben."[11]

10 Fritz Jonas, Bd. 7, zitiert nach Lecke, S. 490–492
11 ebd., S. 498–502

Darauf antwortete Schiller:

„Parricidas Erscheinen ist der Schlussstein des Ganzen. Tells Mordthat wird durch ihn allein moralisch und poetisch aufgelößt. Neben dem ruchlosen Mord aus Impietät und Ehrsucht steht nunmehr Tells nothgedrungene That, sie erscheint schuldlos in der Zusammenstellung mit einem ihr so ganz unähnlichen Gegenstück, und die Hauptidee des ganzen Stücks wird eben dadurch ausgesprochen, nehmlich: ‚Das Nothwendige und Rechtliche der Selbsthilfe in einem streng bestimmten Fall.' Das poetisch Große liegt überall nicht in der Maße, sondern in dem Gehalt der Situationen und in der tragischen Digität der Charactere. Wenn Tell und seine Familie nicht der interessanteste Gegenstand im Stücke sind und bleiben, wenn man auf etwas anderes begieriger seyn könnte, als auf ihn, so wäre die Absicht des Werks sehr verfehlt worden."[12]

Am 19. 03. 1804 schrieb Schiller an Goethe:

„Hier übersende (ich) mein Werk, für das ich unter gegenwärtigen Umständen nichts weiter zu thun weiß. (...) Meine Idee wegen der Rollenbesetzung lege ich bei."[13]

12 Fritz Jonas, Bd. 7, zitiert nach Lecke, S. 498–502
13 Fritz Jonas, zitiert nach J. Schmidt, S. 77 f.

2.2 Inhaltsangabe

In Schillers Drama geht es im ersten Teil zunächst nicht um Wilhelm Tell. Schiller bleibt hier den vorangegangenen Erzählungen treu. In dem 1. und 2. Akt steht die Eidgenossenschaft im Vordergrund: Zum einen zeigt Schiller den wachsenden Widerstand der Volksvertreter gegen die Unterdrückung durch die Vögte auf und zum anderen entwickelt sich der Plan, sich gegen diese Fremdherrschaft zu erheben, um sie zu beenden.

Bei der Planung des Widerstandes gegen die Vögte, die ihren Höhepunkt in der Rütli-Szene erreicht, spielt Wilhelm Tell nur eine untergeordnete Rolle. So ist er am Rütli-Schwur selbst nicht beteiligt.

Dieser Handlungsstrang, der das Volk der unterdrückten Schweizer in den Vordergrund stellt, erreicht im zweiten Akt mit dem Rütli-Schwur seinen Höhepunkt. Von nun an bestimmt Tells Handeln den weiteren Fortlauf des Stückes. Die Apfelschuss-Szene (III,3) löst die Ereignisse aus, die zum Sturz der Herrschaft der Vögte führt. Die Volksvertreter unterstützen nun Wilhelm Tell, sie bringen aber nicht mehr, wie noch in der Rütli-Szene, den Handlungsverlauf voran.

Das Ineinandergreifen der beiden Handlungsstränge macht deutlich, dass in diesem Drama nicht die Darstellung des Schicksals des einzelnen Menschen Wilhelm Tell die zentrale Aussage ist, sondern dass es Schiller darum ging, dem Zuschauer eine Idee zu vermitteln: Wann und unter welchen Umständen kann ein gewaltsamer Aufstand gegen Herrschende gerechtfertigt sein? Welche Bedingungen müssen in einem Land erfüllt sein, damit alle Bürger frei leben können?

Dies sind Fragen, die ihre Aktualität bis heute nicht verloren haben.

I. Aufzug I,1: Baumgarten tötet Wolfenschießen, Tell rettet Baumgarten

Der erste Akt beginnt mit der Darstellung einer harmonischen idyllischen Welt. Dazu dient die sehr ausführliche Regieanweisung (z. B. grüne Matten, heller Sonnenschein, Eisberge, Kuhreihen, harmonisches Geläut der Herdenglocken) und der Gesang des **Fischerknaben** (besingt die geheimnisvolle Macht des Sees), des **Hirten** (Abschiedslied) und des **Alpenjägers** (besingt die Unerschrockenheit der Jäger). Hier herrscht noch das alte Gesetz, Traditionen werden über Generationen weitergegeben, jedes Ding hat seinen Platz. Die folgenden Regieanweisungen (dumpfes Krachen in den Bergen, Schatten von Wolken) deuten auf ein Ende der Idylle hin.

Während sich der Fischer, der Hirte und der Jäger über das herannahende Unwetter unterhalten, stürzt **Baumgarten** zu ihnen. Er hat am Morgen **Wolfenschießen**, den kaiserlichen Burgvogt auf dem Roßberg, **mit einer Axt erschlagen**, weil der Vogt seine Frau vergewaltigen wollte. Nun wird Baumgarten von den Reitern des Wolfenschießen verfolgt. Er fleht den Fischer voller Verzweiflung an, ihn über den See zu setzen. Der fürchtet sich aber vor dem heraufziehenden Unwetter und verweigert deshalb seine Hilfe zur **Flucht**. In diesem Augenblick kommt **Tell** zu ihnen und bietet Baumgarten unerschrocken seine **Hilfe** an. Kaum haben sie das Ufer verlassen, da preschen die Reiter heran, und als sie sehen, dass Baumgarten entkommen ist, rächen sie sich an den Zurückgebliebenen, indem sie die Hütten abbrennen und das Vieh töten.

Stichwörter/wichtige Textstellen:
Diese Szene liefert ein deutliches Beispiel für das, was die Schweizer durch die Unterdrücker erleiden müssen. Gegensatz zwischen aufgezeigter Idylle/folgende Ereignisse
Die verzweifelte Frage von Ruodi am Ende der Szene „Gerechtigkeit des Himmels! **Wann wird der Retter kommen diesem Lande?“** (V. 186–187) wird durch Tells Auftritt indirekt beantwortet.

1,2: Stauffacher fühlt sich von Geßler bedroht, Gertrud rät zum Widerstand
Pfeifer von Luzern verabschiedet sich von **Stauffacher** und rät ihm eindringlich, am Deutschen Reich festzuhalten und sich vor Österreich in Acht zu nehmen. Stauffacher nimmt diese Warnung sehr ernst, denn das Verhalten des Reichsvogts Geßler hat gezeigt, dass die **Freiheit des Schweizer Volkes sehr gefährdet** ist. Betroffen sitzt er auf der Bank vor seinem ansehnlichen Haus. Dort findet ihn **seine Frau Gertrud**, die seine Hilflosigkeit schnell erkennt. Sie schlägt ihm vor, sich mit zuverlässigen Freunden zusammenzuschließen und **zu beraten, wie man sich von den Unterdrückern befreien kann**. Sie macht ihm klar, dass die Vögte nicht aufhören werden, eine Gewalttat nach der anderen zu begehen und dies müsse mit Hilfe Gottes durch das Volk verhindert werden. Stauffachers Hinweis auf die Verwüstungen, die ein Krieg anrichte, weist sie entschieden zurück. Für sie ist der Tod immer noch besser als ein Leben in Knechtschaft. Die Sicherheit und Entschlusskraft seiner Frau überzeugen ihn schließlich, dass es richtig ist, gemeinsam etwas gegen die Vögte zu unternehmen. Sofort macht er sich auf den Weg zu seinem Freund Walter Fürst. Während

er sich von seiner Frau verabschiedet, erscheinen Tell und Baumgarten. Sie haben die Überfahrt gut überstanden und **Baumgarten findet im Haus Stauffachers Zuflucht**.

Stichwörter/wichtige Textstellen:
Bedrohung der Schweizer und ihre **Hilflosigkeit** „Was ist zu tun?"(V. 275), **Gertruds Rat** an die Männer „Drum tät es gut, dass eurer etliche,/Die´s redlich meinen, still zu Rate gingen,/Wie man des Drucks sich möchte entledigen;" (V. 286–288), **Unerschrockenheit der Frau** „Die letzte Wahl steht auch dem Schwächsten offen,/Ein Sprung von dieser Brücke macht mich frei." (V. 328–329)

I,3: Ausbeutung des Volkes, Tod Schieferdecker, Stauffacher will Tell überreden
Geßlers **Burg** bei Altorf, die Zwing Uri heißen soll, wird gebaut. Der Fronvogt treibt die Arbeiter unmenschlich an. Diese arbeiten nur widerwillig an der verhassten Burg. Tell und Stauffacher, die zum Bauplatz kommen, äußern ebenfalls ihren Unmut über den Burgbau. Man bringt einen Hut auf einer hohen Stange und ein Ausrufer verkündet den Befehl des Landvogts, diesen **Hut** mit gebeugtem Knie und entblößtem Kopf zu **grüßen**. Wer diesen Befehl missachte, werde zum Leibeigenen des Königs (V. 395–401).
Stauffacher versucht nun, Tell für die Idee seiner Frau zu begeistern und die Maßnahmen zur Befreiung von diesen unerträglichen Zuständen zu unterstützen. **Tell weist Stauffachers vorsichtiges Werben ab**, er glaubt noch, allein mit den Missständen fertig zu werden. In seiner Naivität baut er darauf, dass die österreichische Herrschaft wie ein Naturvorgang wieder verschwinden werde. Er **sagt**

dann aber zu, im entscheidenden Moment da zu sein, wenn seine Hilfe gebraucht wird. Nachdem die beiden sich getrennt haben, entsteht ein Menschenauflauf, denn der Schieferdecker ist vom Dach gefallen und tödlich verunglückt. Berta von Bruneck, eine reiche Verwandte Geßlers, stürzt herbei, um zu helfen. Doch die erbosten Schweizer weisen sie entschieden zurück.

Stichwörter/wichtige Textstellen:
Tell als Außenseiter und Individualist: Als Mann der Tat weicht er vor der gedanklichen Auseinandersetzung mit den Unterdrückern aus. „Ein jeder lebe still bei sich daheim;/ Dem Friedlichen gewährt man gern den Frieden." (V. 427–428), „Der Starke ist am mächtigsten allein." (V. 438), „Doch was ihr tut, lasst mich aus euerm Rat,/Ich kann nicht lange prüfen oder wählen;/Bedürft ihr meiner zu bestimmter Tat,/ Dann ruft den Tell, es soll an mir nicht fehlen."(V. 442–445)
Für Schiller ist ein Aufstand nur denkbar, wenn beide Faktoren Held (der Einzelne, der mutig handelt) und Volk (die Gemeinschaft, die solidarisch handelt) vorhanden sind. Nur dann kann ein Aufstand gelingen.

I,4: Melchthals Flucht, Blendung des Vaters, Verabredung zum Widerstand

So wie Baumgarten bei Stauffacher Zuflucht gefunden hat, ist der junge **Arnold von Melchthal** bei **Walter Fürst** untergetaucht. Er hat im Zorn einem Diener des Landenbergers, der ihm ein Ochsengespann wegnehmen wollte, einen Finger zertrümmert. Als es an der Tür klopft, versteckt sich Arnold. **Stauffacher** betritt das Zimmer und erzählt von den Gewalttaten der Vögte. Zur Strafe für die

Tat Arnolds hat Landenberg dem Vater Melchthals beide Augen ausstechen lassen. Als Arnold dies hört, ist er völlig verzweifelt und schwört dem Vogt blutige Rache. Nur mit Mühe können die beiden Männer ihn beschwichtigen und sie beraten nun gemeinsam, wie sie die Gewaltherrschaft der Vögte brechen können.
Sie kommen zu dem Entschluss, sich auf dem Rütli zu treffen. Jeder solle zehn vertrauenswürdige Männer mitbringen. (V. 725–736) Mit einem feierlichen Schwur reichen sich die drei Männer, der junge Melchthal aus Unterwalden, der besonnene Stauffacher aus der Schwyz und der alte Walter Fürst aus Uri die Hände und beschließen so den **Bund zum Freiheitskampf.**

Stichwörter/wichtige Textstellen:
Der erste Akt endet mit einer **Zukunftsschau des jungen Melchthal**, die den Ausgang des Freiheitskampfes vorwegnimmt: „(...) Wenn von Alp zu Alp/Die Feuerzeichen flammend sich erheben,/Die festen Schlösser der Tyrannen fallen,/In deine Hütte soll der Schweizer wallen,/Zu deinem Ohr die Freudenkunde tragen,/Und hell in deiner Nacht soll es dir tagen." (V. 745–750)

2. Aufzug II, 1: Gespräch zwischen Ulrich von Rudenz und Werner, Freiherr von Attinghausen
Der alte **Freiherr von Attinghausen** nimmt im Saal seines Herrensitzes nach alter Sitte den Frühtrunk zusammen mit den Knechten ein. Er verspricht den Knechten, sich am Abend mit ihnen über die Probleme des Landes zu besprechen. Nachdem diese gegangen sind, wendet er sich seinem **Neffen Ulrich** zu, um ihm ins Gewissen zu reden, sich nicht

den Unterdrückern aus Österreich anzuschließen, deren Landgier die Schweiz zu zerstören droht. Doch **Ulrich ist entschlossen, sich dem Haus Habsburg anzuschließen.** Er plädiert für eine Unterwerfung der Kantone unter die Herrschaft der österreichischen Nachbarn, indem er politische Gründe anführt (V. 868–891), aber es ist deutlich zu erkennen, dass Ulrich sehr eigennützige Motive hat, wie Ehrgeiz und Streben nach Ruhm und Ansehen (V. 810–837). **Attinghausen wirft Ulrich Verblendung, Verachtung der Landsleute und Verrat vor** (V. 847–867) und lässt seine Anklage in dem Vorwurf gipfeln, Ulrich verhalte sich so würdelos, weil er Berta von Bruneck liebe (V. 934–940). Attinghausen hat mit seinen Vorwürfen wohl den Kern getroffen, denn Ulrich von Rudenz bricht an dieser Stelle das Gespräch ab und geht.

Stichwörter/wichtige Textstellen:
Die Gegensätzlichkeit der beiden Männer zieht sich als roter Faden durch diese Szene: So die unterschiedliche Art, sich zu kleiden, Sicht des Neuen aus Österreich, Ehrgeiz/Tradition

II,2: Der Rütli-Schwur
Der Zeitpunkt des Treffens und die beschriebenen Naturelemente (Eisberge, Mondregenbogen) kennzeichnen dieses Ereignis als etwas Besonderes.
Die drei Verschworenen haben Wort gehalten und treffen nacheinander mit Verbündeten auf dem Rütli ein. Zunächst berichtet Melchthal von seiner gefährlichen Wanderung, auf der er überall Schweizer angetroffen hat, die verbittert über die Gewalttaten der Vögte sind. **Er weiß nun sicher, dass das Volk die Rütli-Verschwörer unterstützt.**

Mit der Ankunft der Männer aus Uri kann die Versammlung beginnen. Zunächst wird geregelt, in welcher Weise dieses Treffen ablaufen soll. Auf Pfarrer Rösselmanns Vorschlag hin gibt man ihr die Form der Landesgemeinde (V. 1107–1115). Die bisher getrennt auftretenden Gruppen aus den verschiedenen Kantonen handeln nun als ein Volk, auch soziale Unterschiede (Großbauer, Geistlicher, Leibeigener) spielen keine Rolle mehr.

Ganz demokratisch wird der Altlandammann Reding zum Vorsitzenden gewählt. Auf seine Frage hin „Was soll der Inhalt sein des neuen Bunds, (...)" (V. 1152), ergreift **Stauffacher** das Wort, um eine **Begründung für das Treffen am Rütli** zu geben und **Absichten und Ziele des Bundes** zu formulieren (V. 1154–1160). Es geht um die **Erneuerung eines alten Bundes,** der die Freiheit der Schweizer bewahren sollte und damit auch um die **Bestätigung der Schweizer als ein Volk**. Er berichtet von der Entstehung der Schweiz und den großen Strapazen, die sie auf sich genommen haben, um ihren Staat zu organisieren. Aus dieser Geschichte heraus leitet Stauffacher das **Verhältnis der Schweiz zum Kaiser** ab: Ein freier, unabhängiger Staat, der sich selbst verwaltet und sich freiwillig dem Schutz des Kaisers unterstellt, der durch seine Macht Bestand und Ordnung im Staat gewährleistet.

Reding beantragt, dem Kaiser die Not des Schweizer Volkes noch einmal vorzutragen. Er zieht diesen Antrag jedoch zurück, nachdem Konrad Hunn von seinen Erlebnissen in der Kaiserpfalz berichtet hat. Die Männer erkennen, dass sie sich nur selbst helfen können. Walter Fürst rät den Männern zu einem besonnenen Vorgehen, sie sollen die Rechte des Kaisers achten (V. 1355–1357) und Blutvergießen möglichst vermeiden.

Die Männer beraten darüber, wie der Aufstand gegen die Vögte organisiert werden soll, sie legen aber noch keinen bestimmten Tag fest. Das Treffen endet mit dem **Schwur**. Dieser Schwur hebt noch einmal deutlich das Selbstverständnis der Schweizer hervor: Einigkeit, Freiheit, Gottvertrauen und Furchtlosigkeit.
Die am Ende aufgehende Sonne unterstreicht pathetisch den Einklang zwischen Natur und dem Wunsch der Schweizer nach Freiheit.

!

Stichwörter/wichtige Textstellen:
Beispiel für politisches Handeln, Rechtfertigung des Aufstandes als Verteidigung dessen, was die Schweizer schon immer waren

3. Aufzug III,1: Tell und seine Frau Hedwig, sie ahnt, dass Tell in Gefahr ist

In Tells Haus spielen seine beiden Jungen, Walter und Wilhelm, mit einer Armbrust. Die Kinder haben den Vater als leidenschaftlichen und verwegenen Jäger zum Vorbild. Tells Frau hält gar nichts von diesen Spielen. Ebensowenig ist sie darüber begeistert, dass sich ihr Mann so häufig – wie bei der Rettung Baumgartens – in Gefahr begibt, ohne an sie oder die Kinder zu denken.
Als Tell nach der Armbrust greift und nach Altorf zu Walter Fürst aufbrechen will, bittet sie ihn, nicht zu gehen. Sie ahnt, dass Tell in Gefahr ist und zwar in zweierlei Hinsicht: durch seine Teilnahme am Aufstand und die Tatsache, dass Tell Geßler im Gebirge zu Tode erschreckt hat. Tell lässt sich aber nicht zurückhalten und nimmt seinen Sohn Walter mit.

Stichwörter/wichtige Textstellen:
Hedwigs Ahnungen: „Sie werden dich hinstellen, wo Gefahr ist;/Das schwerste wird dein Anteil sein, wie immer." (V.1521–1522) und „Er hat vor dir gezittert! Weh dir!/Dass du ihn schwach gesehn, vergibt er nie."(V. 1570–1571)

III,2: Berta und Ulrich von Rudenz auf der Jagd
In einer von Bergen eingeschlossenen wilden Waldgegend, wohin sich Berta von Bruneck und Ulrich von Rudenz von der Jagdgesellschaft entfernt haben, **gesteht Rudenz der jungen Frau seine Liebe.** Ärgerlich weist sie ihn zurück, da sie in ihm zu diesem Zeitpunkt einen „Sklaven Österreichs" sieht, der treulos sein eigenes Volk verrät (V. 1602–1604, V. 1650–1653). **Sie kann ihn erst dann lieben, wenn er für sein Vaterland kämpft** (V. 1724–1730). Bertas Hass auf den österreichischen Hof liegt darin begründet, dass die Habsburger sich in ihrer Landgier Bertas Erbe, das in den Waldstätten liegt, aneignen wollen. Rudenz ist von der Haltung Bertas überrascht, denn er hat sich Österreich angeschlossen, um Berta zu gewinnen. Völlig hilflos weiß er nun nicht, wie er seinen Kopf aus der Schlinge ziehen soll, die er sich selbst umgelegt hat.

III,3: Tell schießt den Apfel vom Kopf seines Sohnes
In Altorf ist der **Hut des Vogts auf einer Stange** aufgestellt, davor stehen zwei Soldaten. Einer der Soldaten, Frießhardt, hofft bald jemanden festnehmen zu können, der den Hut nicht grüßt. Als eine Gruppe Menschen vom Rathaus aus den Hut passieren müssen, stellt sich der Pfarrer Rösselmann mit der Monstranz vor den Hut. So knien diese vor der Monstranz nieder und nehmen ihre Hüte ab.

Frießhardt ist ärgerlich, denn so konnte er niemanden verhaften. Inzwischen ist Tell mit seinem Sohn im Ort angekommen. Sie sind ins Gespräch vertieft und **Tell will an dem Hut vorbeigehen**. Sein Sohn macht ihn darauf aufmerksam, doch Tell will von einem Gruß nichts wissen. Dies ist die Gelegenheit, auf die der Soldat gewartet hat. Sofort **verhaftet er Tell**. Walter ruft um Hilfe und die Männer aus dem Dorf kommen, um Tell zu befreien.

Plötzlich taucht der Vogt Geßler auf und lässt sich erzählen, was geschehen ist. Er hat sofort den Mann erkannt, der ihn als Feigling erlebt hat, und weiß, wie er Tell am empfindlichsten treffen kann. Er **befiehlt Tell, einen Apfel vom Kopf seines Sohnes zu schießen.** Tell ist über dieses unmenschliche Verhalten Geßlers entsetzt, denn wie leicht könnte er seinen Sohn dabei töten. Ganz entgegen seiner Art fleht Tell um Gnade, doch der Vogt lacht nur und lässt dem Jungen einen Apfel auf den Kopf legen. Alle Umstehenden bitten um Gnade, nur Melchthal und Rudenz wollen handeln. Melchthal erinnert an den Rütli-Schwur, scheitert aber an der Wehrlosigkeit der Umstehenden. Rudenz hat den Mut, sich öffentlich von Geßler zu distanzieren und ihn des Verrats am Schweizer Volk anzuklagen.

Tell zieht zwei Pfeile aus dem Köcher und trifft mit dem ersten den Apfel. Wegen dieses zweiten Pfeiles, der für Geßler bestimmt gewesen wäre, wenn Tell seinen Sohn getötet hätte, wird **Tell nun vom wütenden Geßler verhaftet**.

Er wird gefesselt auf ein Schiff gebracht, das ihn zum Gefängnis in Küssnacht übersetzen soll. Tells Landsleute bleiben in ohnmächtiger Wut zurück.

Stichwörter/wichtige Textstellen:
Tell geht bis an die Grenze der Selbstverleugnung: „Verzeiht mir, lieber Herr! Aus Unbedacht,/Nicht aus Verachtung Eurer ist 's geschehn./Wär ich besonnen, hieß ich nicht der Tell,/Ich bitt um Gnade, es soll nicht mehr begegnen." (V. 1869–1872); er verlässt sich auf seine Kraft und Gottes Hilfe, nicht auf die Eidgenossen; Wehrlosigkeit der Schweizer stark hervorgehoben

4. Aufzug IV,1: Tell flieht von Geßlers Schiff
Während ein heftiger Sturm tobt, erzählt am anderen Ufer des Vierwaldstätter Sees Kunz von Gersau dem **Fischer**, dass man Tell gefangen genommen hat und dass der alte Freiherr von Attinghausen bald sterben wird. Nachdem Gersau gegangen ist, bricht der Fischer in lautes Klagen aus. Er wird durch das Läuten einer Schiffsglocke abgelenkt. Der Fischer sieht das Schiff, auf dem er Tell vermutet, in Seenot. **Am Ufer findet er Tell, der ihm nun erzählt, wie er vom Schiff hat fliehen können:** Als das Schiff in den Sturm geriet, benötigten die Söldner Tell am Steuer. Deshalb nahmen sie ihm die Fesseln ab , und er nutzte die erste Gelegenheit, von Bord zu springen.
Tell hatte ein Gespräch der Soldaten auf dem Schiff mitgehört und erfahren, dass Geßler bei Brunnen landen und dann den Landweg nach Küssnacht nehmen will. Der Sohn des Fischers zeigt Tell den kürzesten Weg dorthin. Der Fischer verspricht Tell, seiner Frau mitzuteilen, dass er überlebt hat und den Verschwörern die Nachricht zu bringen, dass sie bald etwas von ihm hören würden.

! **Stichwörter/wichtige Textstellen:**
Natur im Zusammenhang mit den Ereignissen: Sturm als Rache für die Untaten des Vogts – Rettung für Tell.
Kühnheit und Tapferkeit Tells im Vordergrund

IV,2: Tod Attinghausens, Rechtfertigung der Auflehnung gegen die Vögte
Am Hof des Attinghausen hat sich eine große Trauergemeinde versammelt, da der alte Freiherr bald sterben wird. Um ihn herum stehen Walter Fürst, Stauffacher, Melchthal und Baumgarten, vor ihm kniet Walter, Tells Sohn. **Hedwig** kommt, um ihren geretteten Sohn zu sehen und mit ihrem Vater, Walter Fürst, zu reden. Aufgebracht über die vergangenen Ereignisse klagt sie die Umstehenden an, bei so einem unmenschlichen Verhalten des Vogts tatenlos zugesehen zu haben. **Ihre provozierenden Vorwürfe bestärken die Männer in ihrem Entschluss, sich endlich gegen die Vögte aufzulehnen**.

Attinghausen kommt noch einmal zu sich, und als er erfährt, dass die Männer der drei Urkantone einen Bund zur Befreiung ihres Landes geschlossen haben, **entwickelt er eine Vision von der Freiheit seines Landes** mit viel Pathos und absoluter Gewissheit des Erfolgs. Er sieht die Entwicklung der Schweiz und den Sieg über die Unterdrücker voraus. Mit der Mahnung zur Einigkeit stirbt er. Mit ihm ist dieses alte Adelsgeschlecht ausgestorben. Die Bürger und Bauern sind nun politisch mündig.
Rudenz kommt dazu und ist unglücklich darüber, dass er seinem Onkel nicht mehr um Verzeihung bitten konnte. Am Totenlager seines Onkels **schwört er** als Vertreter des jun-

gen Adels, **von nun an das Volk der Schweizer bei ihrem Kampf gegen die Unterdrücker zu unterstützen.** Er gewinnt das Vertrauen der Männer, da er vom Rütli-Bund wusste, aber niemanden verraten hat. Rudenz treibt die Männer zu schnellem Handeln an, auch deshalb, weil Geßler Berta von Bruneck entführt hat. Nun sollen die Burg Sarnen, die „alte Herrenburg" in Altorf und der Roßberg erstürmt werden.

Stichwörter/wichtige Textstellen:
Positive Auswirkung des Widerstandes: Rudenz ist „bekehrt".
Drei Ebenen der Rechtfertigung des Aufstandes: persönliche – Hedwig, ideelle – Attinghausen, konkrete – Rudenz.
Attinghausens Vision: Idee vom Zusammenleben der Menschen

IV,3: Geßlers Tod durch Tell
Tell ist in der hohlen Gasse angekommen und wartet an diesem für einen Anschlag günstigen Ort auf Geßler. Er **überdenkt seine Gründe für diese Tat noch einmal**:
Er hat erkannt, dass die Ereignisse um den Apfelschuss ihn sehr verändert haben (V. 2571–2576).Er wäre fast zum Mörder seines Sohnes geworden, und er muss Geßler nun töten, um seinen inneren Frieden wiederzufinden. Er empfindet seine Tat als Notwehr gegen einen Vogt, der ständig seine Familie gefährdet (V. 2578–2579/V. 2632). Während des Apfelschusses hat er geschworen, sich an Geßler zu rächen (V. 2585). Tell fühlt sich berechtigt, einem Herrn den Gehorsam zu verweigern, der sich selbst nicht an Rechte und Gesetze hält, sondern eine schreckliche Tat nach der ande-

ren begeht (V. 2590–2595). Er sieht in seiner Tat die Strafe Gottes (V. 2596). **Unmittelbar vor seiner Ermordung zeigt der Vogt noch einmal seine ganze Grausamkeit.** Armgard, eine Bäuerin, stellt sich ihm mit ihren Kindern in den Weg und erfleht die Freilassung ihres Mannes, da sie sonst nicht überleben können. Wütend über diese Störung will Geßler die Frau niederreiten und verkündet, dass er noch härtere Gesetze erlassen werde, um den Starrsinn des Schweizer Volkes endgültig zu brechen. Bei dem Wort „Ich will" (V. 2785) wird **Geßler von Tells Pfeil tödlich getroffen.** Ein letztes Mal benutzt Tell die Armbrust, die er auf seinen Sohn richten musste.

Eine Hochzeitsgesellschaft wird zufällig Zeuge der Tat. Nachdem sie den ersten Schrecken überwunden hat, **begreifen die Menschen, dass die Tötung Geßlers für sie die Freiheit bedeutet (V. 2821) und eine gerechte Strafe Gottes ist (V. 2816).**

Geßlers Stallmeister, **Rudolf der Harras, erkennt die Tragweite der Ermordung.** Er muss nach Küssnacht, um dem Volksaufstand entgegenzutreten, den Tell mit seiner Tat ausgelöst hat.

! **Stichwörter/wichtige Textstellen:**
Tell erkennt auch die politische Tragweite der Tat: „Frei sind die Hütten, sicher ist die Unschuld/Vor dir, du wirst dem Lande nicht mehr schaden." (V. 2794–2795).

5. Aufzug, V,1: Der Befreiungskampf der Verbündeten

Die Gefangensetzung Tells wird zum Signal für die Zerstörung der Zwing Uri. Die Burgen Roßberg (unter der Führung von Melchthal) und Sarnen (unter der Führung Rudenz) sind

schon zerstört worden. In einer Rückschau am Anfang der Szene wird der Aufstand gegen die Vögte beschrieben. Als auf den Bergen die Signalfeuer brennen, das verabredete Zeichen, wenn die **Burgen Sarnen und Roßberg zerstört** sind, kann der immer noch zögernde Walter Fürst seine Männer nicht mehr aufhalten. Sie stürmen die **Zwing Uri** und **zerstören sie**. Unter den Trümmern befindet sich noch Berta von Bruneck. Als Ulrich dies hört, kämpft er sich gemeinsam mit Melchthal durch die brennenden Trümmer, und gemeinsam können sie Berta retten. Insgesamt verläuft die Revolution unblutig. So wird Landenberg gefangen genommen, und man führt ihn zu dem blinden Melchthal, um ihn vor dem alten Mann zu bestrafen. Dieser zeigt sich barmherzig und lässt **Landenberg frei**, nachdem er geschworen hat, sich nicht zu rächen. Hier wird die gewonnene innere Freiheit, die Fähigkeit zu verzeihen, hervorgehoben.
Walter Fürst ist besorgt, dass König Albrecht dem Aufstand der Schweizer nicht tatenlos zusehen wird. Da bringen Stauffacher und Rösselmann die Nachricht, dass der Kaiser, **König Albrecht, von seinem Neffen Parricida ermordet** wurde. In diesem Augenblick trifft auch ein Reichsbote mit einem Brief der Königinwitwe ein. Darin steht, die **Schweizer sollten die Mörder an Österreich ausliefern.** Dies **lehnen die Männer** aber entschieden **ab** und brechen auf, um Tell zu feiern.

Stichwörter/wichtige Textstellen:

Tells Rolle als Freiheitskämpfer, Identifikation des Volkes mit dem Helden Tell „Wo ist der Tell? Soll er allein uns fehlen,/ Der unsrer Freiheit Stifter ist? Das Größte/Hat er getan, das Härteste erduldet./Kommt alle, kommt, nach seinem Haus zu wallen,/Und rufet Heil dem Retter von uns allen!" (V. 3082–3086)

V,2: Parricida erwartet von Tell Hilfe

Als Tell zu seiner Familie zurückkehrt, erscheint **Parricida** als Mönch verkleidet in seinem Haus. Obwohl Hedwig ahnt, dass mit diesem Mann etwas nicht stimmt, bewirtet sie ihn. Tell wird im folgenden Gespräch schnell klar, dass sich der Mörder des Kaisers in seinem Haus befindet. Als dieser **seine Tat mit Tells Handlung auf eine Stufe stellt** (V. 3152–3155), schickt Tell seine Familie hinaus. **Zornig weist er jeden Vergleich von sich.** Zunächst äußert er Abscheu über Parricidas Mord, um dann noch einmal hervorzuheben, dass er aus Notwehr gehandelt habe.
Parricidas Erklärungen machen seine Beweggründe, nämlich Neid, Gier und Rache ganz deutlich (V. 3195–3203). **Tell bemitleidet diesen Mann** und gibt ihm den **Rat, nach Rom zu gehen** und die **Tat dem Papst zu beichten** und für seine Sünde zu büßen. Er beschreibt Parricida den Weg und lässt Hedwig Proviant zusammenpacken. Seiner Familie erklärt Tell nicht, wer der Mann gewesen ist.

Stichwörter/wichtige Textstellen:
Vergleich von Taten gegen die Obrigkeit, Parricida/Tell, erneute Rechtfertigung der Handlung Tells

Letzte Szene

Die Männer haben sich inzwischen vor Tells Haus versammelt und jubeln Tell zu. Auch Berta von Bruneck und Ulrich von Rudenz erscheinen. Beide verzichten auf ihre Privilegien als Adlige und gliedern sich als Gleiche in die Gemeinschaft der Schweizer ein. **Berta gibt als freie Schweizerin Ulrich ihre Hand und Ulrich verkündet die Aufhebung der Leibeigenschaft seiner Knechte.** Beide Handlungsstränge laufen nun in diesem friedlichen Schlussbild zusammen.

Stichwörter/wichtige Textstellen:
Vision eines ästhetischen Staates: Ein Zusammenleben in Freiheit (der Begriff fällt viermal) und Gemeinschaft der Gleichen.

2.3 Aufbau

I. Handlungsstrang: Die Eidgenossen	1.Akt Exposition
A Die Terrorherrschaft der Vögte	Wolfenschießen bedrängt Baumgartens Frau, die sich vor ihm retten kann. Als Baumgarten vor den Reitern Landenbergs entkommen kann, zerstören sie die Höfe und töten das Vieh. (I,1) Stauffacher erzählt seiner Frau von der Drohung Geßlers, ihm seinen Besitz zu nehmen, den er für sich haben möchte. (I,2) Geßler lässt eine große Burg, Zwing Uri, bauen. Die unmenschliche Arbeit muss von den Bewohnern der umliegenden Dörfer getan werden, dabei kommt ein Schieferdecker um. Zur Erniedrigung des Volkes lässt Geßler seinen Hut zeigen, der in Altorf aufgestellt wird. Die Schweizer müssen ihn verehren und so Gehorsam zeigen. (I,3) Melchthal soll seine Ochsen hergeben. Er wehrt sich und muss fliehen. Zur Strafe lässt Landenberger Melchthals Vater blenden. (I,4)
B Wachsender Widerstand in den drei Kantonen	Baumgarten tötet den Reichsvogt und flieht. Tell allein hilft ihm. (I,1) Gertrud Stauffacher erkennt die Gefahr, die ihnen durch Geßler droht. Sie ermutigt ihren Mann, sich mit den Eidgenossen aus den drei Kantonen zusammenzuschließen zum Widerstand gegen die Vögte. (I,2) Der Zorn der Menschen auf der Baustelle wächst stetig durch die Erniedrigungen und wird offensichtlich beim Tod des Dachdeckers. Stauffacher will Tell für ein Bündnis gewinnen, der jedoch lehnt ab, den Widerstand zu planen. Als Mann der Tat wird er aber kämpfen, wenn es so weit ist. (I,3) Gertrud Stauffachers Rat wird nun zum konkreten Plan. Stauffacher und Melchthal überdenken die ersten Schritte zum Widerstand. (I,4)

I. Handlungsstrang: Die Eidgenossen

B Wachsender Widerstand in den drei Kantonen

2. Akt
Entwicklung und Steigerung

In dem Gespräch zwischen dem alten Attinghausen und seinem Neffen Ulrich von Rudenz wird der Entschluss zum Widerstand als moralisch richtig abgesichert. Attinghausen verkörpert die alten Werte, die die Grundlage der freien Waldstätten war. Diese müssen verteidigt werden.
Rudenz begrüßt die Unterwerfung der Kantone unter österreichische Herrschaft, begründet dies aber mit eigennützigen Motiven. Seine Abkehr vom Vaterland wird so zum Verrat. (II,1)
Dass der Widerstand auch rational notwendig ist, verdeutlicht die zweite Szene.
Bei dem Treffen am Rütli wird das Für und Wider des Aufstandes abgewogen. Dies geschieht demokratisch. So sind Männer aller Stände und Berufe und der drei Kantone zur Abstimmung anwesend. Die Rechtfertigung des Widerstandes leiten die Eidgenossen von der Verteidigung dessen ab, was schon immer das Wesen des Schweizer Volkes war.
Einen konkreten Termin legen sie nicht fest.

I. Handlungsstrang: Die Eidgenossen B Wachsender Widerstand in den drei Kantonen	**3. Akt Peripetie** Berta von Bruneck und Ulrich von Rudenz haben sich von der Jagdgesellschaft Geßlers abgesetzt. Als Ulrich von seiner Liebe zu ihr spricht, unterbindet sie dies energisch. Sie macht ihm sehr deutlich, dass sie ihn nur lieben kann, wenn er sein treuloses Verhalten gegenüber den Eidgenossen ablegt und sich dem Widerstand anschließt. Bertha stellt die Absichten Österreichs, die auf die Unterdrückung und Ausbeutung der Schweizer hinauslaufen, heraus und rechtfertigt so auch als Adlige den Kampf gegen Österreich. (III,2) Entsetzt vom Verhalten Geßlers gegenüber Tell, wendet sich Ulrich von Rudenz, nachdem Tell verhaftet wurde, von Geßler, dem Vogt, und damit dem Haus Habsburg ab. (III,3)
II. Handlungsstrang: Tell C Die Befreiung der drei Kantone	Tell will nach Altorf, um mit seinem Schwiegervater Walter Fürst zu sprechen. Tells Frau Hedwig ahnt, dass es Schwierigkeiten geben wird, da der Widerstand der Schweizer mit dem Rütli-Schwur geplant ist und nun auf seine Ausführung hinläuft. Und diese wird von Tell ausgehen. (III,1) Geßler zeigt sich wieder als menschenverachtender Vogt. Er zwingt Tell, nachdem dieser den aufgestellten Hut in Altorf nicht gegrüßt hat, einen Apfel vom Kopf seines Sohnes zu schießen. Tell fleht um Gnade. Geßlers Verhalten zeigt ihm jedoch, dass es hier kein Einlenken geben wird. So schießt er den Apfel vom Kopf des Jungen. Als Geßler erkennt, dass Tell ihn im Falle eines Fehlschusses getötet hätte, lässt er Tell verhaften und mit dem Schiff nach Küssnacht bringen. (III,3)

	4. Akt **Retardation, Krise**
I. Handlungsstrang: Die Eidgenossen B Wachsender Widerstand in den drei Kantonen	Der sterbende Attinghausen erfährt vom Bündnis der Eidgenossen. Froh über diesen Entschluss entwirft er eine Vision von der Freiheit des Landes, die vorwegnimmt, was am Schluss verwirklicht ist. Rudenz schließt sich den Aufständischen an und wird zum Organisator des Befreiungskampfes. (IV,2)
II. Handlungsstrang: Tell C Die Befreiung der drei Kantone	Tell wird mit dem Schiff nach Küssnacht gebracht. Als das Schiff in Seenot gerät, wird er von seinen Fesseln befreit und steuert das Schiff in Sicherheit. Die erste sich bietende Gelegenheit nutzt er zur Flucht und gelangt ans Ostufer des Vierwaldstätter Sees. Dort lässt er sich den Weg nach Küssnacht zeigen, um Geßler abzufangen und zu töten. (IV, 1) Tell wartet in der Schlucht auf Geßler. In einem langen Monolog wägt er das Für und Wider der Ermordung Geßlers ab. Ganz deutlich werden hier seine persönlichen Motive. Tell ist sich aber auch der politischen Tragweite bewusst, die der Mord haben wird. Tell macht ein letztes Mal von seiner Armbrust Gebrauch, er erschießt Geßler, als dieser noch einmal seine ganze Unbarmherzigkeit gegenüber dem Volk zeigt. (IV,3)

I. Handlungsstrang: Die Eidgenossen B Wachsender Widerstand in den drei Kantonen	**5. Akt Lösung**
	Das Ende (V,1) V.3082–3086 gibt die Antwort auf Ruodis Frage am Schluss (I,1) „Wann wird der Retter kommen diesem Lande?" Der Tod Geßlers durch Tell und dessen Gefangensetzung hat den Aufstand ausgelöst. Die Burgen der Vögte sind zerstört, der Hut als Machtsymbol verbrannt. Landenberger ist entmachtet, aber vom geblendeten Melchthal begnadigt worden. Der junge Melchthal und Ulrich von Rudenz haben die von Geßler gefangen genommene Berta von Bruneck befreit und Reding wird Präsident des Landes. König Albrecht I. ist von seinem Neffen Parricida ermordet worden. Die Bitte der Königinwitwe, den Mörder auszuliefern, lehnen die Eidgenossen selbstbewusst ab. Sie distanzieren sich deutlich vom Mord an dem Habsburger. (V,1)
II. Handlungsstrang: Tell C Die Befreiung der drei Kantone	Das Gespräch zwischen Tell und Parricida ist noch einmal angelegt als Rechtfertigung der Gegenwehr des Volkes und des Einzelnen. Als Mönch verkleidet schleicht Parricida in Tells Haus. Als Tell ihn erkennt, schickt er seine Familie fort. Sie sollen nichts mit einem Mörder zu tun haben. Parricida will seine und Tells Tat auf eine Ebene stellen. Dies lehnt Tell entschieden ab, und die niederen Beweggründe Parricidas zum Mord an seinem Onkel werden deutlich. Tell gib ihm den Rat, seine Sünden vor dem Papst zu bereuen und beschreibt ihm den Weg über die Alpen. Mit reichlich Proviant schickt er Parricida fort. (V,2)

	Letzte Szene
I. Handlungsstrang: Die Eidgenossen B Wachsender Widerstand in den drei Kantonen	Diese Szene verbindet die beiden Handlungsstränge Eidgenossen/Tell mit der Schlussszene des Stückes. Beide Handlungsweisen wurden als moralisch gerechtfertigt und politisch richtig dargestellt. Die Utopie eines freien Landes mit freien Menschen ist Wirklichkeit geworden.
II. Handlungsstrang Tell C Die Befreiung der drei Kantone	Die Verbündeten bejubeln Tell als Retter. Berta von Bruneck und Ulrich von Rudenz verloben sich. Die junge Frau will ihre Adelsrechte ablegen und als freie Bürgerin leben. Ulrich lässt seine Leibeigenen frei.

2.4 Personenkonstellation und Charakteristiken

Personenkonstellation

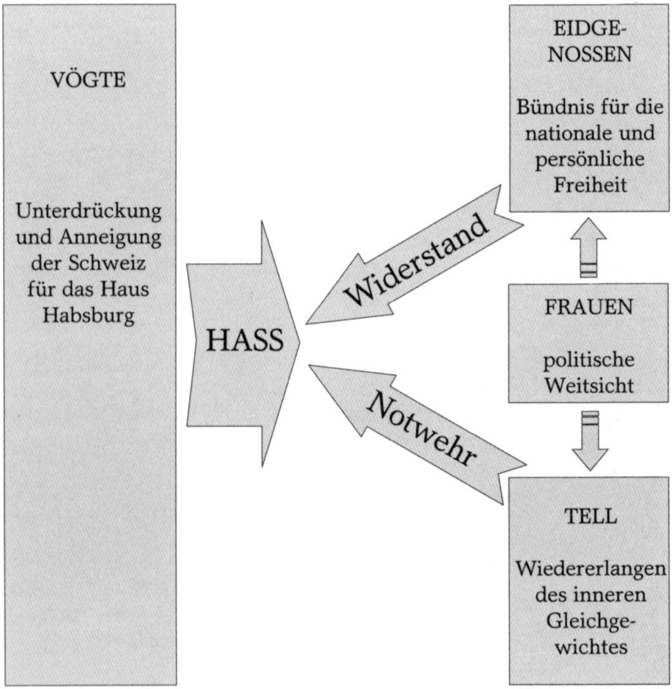

Charakteristiken

Wilhelm Tell

Der Alpenjäger Wilhelm Tell tritt in I,1/I,3/III,1/III,3/IV,1/IV,3/ V,2 und der „letzten Szene" auf.
Tell wird gleich zu Beginn in das Stück eingeführt als ein Mann, der sich von der Menge abhebt und alle guten Eigenschaften verkörpert, die die Schweizer ausmachen.
Tell ist ein verwegener Gämsenjäger mit allen Eigenschaften, die sein Überleben in diesem gefährlichen Beruf sichern. Er ist zäh, in allen Dingen geschickt und vertraut mit der Gebirgswelt. Niemand schießt so treffsicher wie er, und mutig, auf Gott vertrauend, begegnet er allen Gefahren im Gebirge. Sein Beruf, der ihn zu tagelanger Einsamkeit zwingt, hat ihn bescheiden, schweigsam und verschlossen, in seinem Handeln aber umso entschlossener gemacht (vgl. V. 148–149). Seine Art trägt ihm die Achtung und Bewunderung seiner Mitbürger ein. Tell ist ein Mann der Tat, der sofort, ohne zu zögern seine Hilfe anbietet (vgl. I,1 sein erster Satz), als es um die Rettung Baumgartens vor den Söldnern des Vogts geht. Nur er ist in der Lage, das Schiff durch den Sturm überzusetzen.

Tell der Einzelgänger

Tell wird als Einzelgänger dargestellt. Dies wird in dem Gespräch mit Stauffacher (I,3) sehr deutlich. Er scheut die gedankliche Auseinandersetzung mit der politischen Situation in seinem Heimatland. Seine Forderung nach Mäßigung (vgl. V. 420) und sein Optimismus (vgl. V. 422 f.) zeigen seine Fehleinschätzung der Umstände. Tell zieht sich zurück, ganz auf seine eigene Kraft vertrauend.

Er ist ohne politische Sensibilität und Einfühlungsvermögen (vgl. auch III,3), dies zeigt seine Schilderung der Begegnung mit Geßler (III,1), mit der er seine Frau eigentlich beruhigen will, jedoch genau das Gegenteil bewirkt. Zu diesem Zeitpunkt ist ihm nicht bewusst, dass seine Kühnheit auch eine Gefahr für seine Familie darstellt.

Tells innerer Konflikt

Der Apfelschuss bedeutet für Tell zum ersten Mal einen inneren Konflikt zwischen den beiden Zielen Geßler oder seinem Sohn. Hier unterliegt seine Stärke als Jäger seiner Schwäche als liebender Vater. Doch auch hier verlässt er sich ausschließlich auf seine Kraft und sein Vertrauen in Gott. Dieser Konflikt aber hat den friedliebenden und gutmütigen Tell gewandelt. Entschlossen und sein Vorgehen reflektierend, wartet er an einer strategisch günstigen Stelle auf seine Gelegenheit, den Menschen, der ihn um sein inneres Gleichgewicht gebracht hat, zu töten. Nachdem er sein Vorhaben ausgeführt hat, ist er sich auch der politischen Tragweite seiner Tat bewusst.
Die Wandlung Tells und seine wiedergewonnene Selbstsicherheit wird in seinem Verhalten Parricida gegenüber deutlich. Er kann sein Handeln klar von dem des „Vatermörders" absetzen und die Folgen seiner Tat für seine Familie und sein Land erläutern. Auf diese Art öffnet Tell dem Mörder die Augen, seine Schuld zu erkennen. Er zeigt aber auch Einfühlungsvermögen in die Situation des Verfolgten und kann ihm raten.
Wilhelm Tell als Held ist von Beginn des Schauspiels an ein entscheidender Faktor im Freiheitskampf. Er zeigt auf, dass das individuelle entschlossene Handeln erst ein solidarisches Handeln der Unterdrückten ermöglicht.

Stauffacher

Werner Stauffacher tritt in den Szenen I,2/I,3/I,4/II,2/III,3/IV,2/V,1 und der „letzten Szene" auf.

Er ist ein reicher Freibauer, der seinen Hof vom Kaiser als Lehen erhalten hat. Sein Haus, neu gestaltet wie ein Edelsitz, mit gefüllten Scheunen und schönen Pferden, steht an der Straße. Stauffacher ist bekannt für seine Gastfreundschaft. So spendet er Pilgern und Mönchen, gewährt allen Wanderern Unterkunft und Verpflegung und große „Herrenleute" zählen zu seinen Gästen. Er weiß, was er kann und ist stolz darauf, ein freier Mann auf eigenem Erbe zu sein (vgl. I,2). Als ernster und besonnener Mann ist er sich seiner Pflichten gegenüber dem Kaiser wohl bewusst (vgl. V. 227–229). Deshalb verunsichert ihn das aggressive Verhalten Geßlers umso mehr.

Er sieht die Gefahr, die auf seine Familie und seinen Besitz zu- kommt, aber er weiß sich nicht zu helfen. Denn Stauffacher schreckt vor den schlimmen Konsequenzen, die ein Widerstand gegen die Vögte mit sich bringen würde, zurück. Erst seine Frau kann ihn von der Notwendigkeit eines Aufbegehrens überzeugen.

Stauffacher, eine zentrale Figur des Widerstandes

Nachdem er den Entschluss gefasst hat, sich mit Walter Fürst und von Attinghausen in Uri zu treffen, regelt er umsichtig mit seiner Frau die Verwaltung des Hofes.

In Altorf muss er mit ansehen, wie in dem ehemals freien Kanton eine Zwing zum Zeichen der Macht des Vogtes errichtet wird. Sein vorsichtiger Versuch, den von allen Schweizern bewunderten Tell für einen Bund der Aufständischen zu gewinnen, scheitert. Unbeirrt setzt er seinen Plan fort und geht zu Walter Fürst. Dort schafft er (Kanton

Schwyz) gemeinsam mit Fürst (Kanton Uri) und Melchthal (Kanton Unterwalden) die Keimzelle des Widerstandes (vgl. I,4). Die Versammlung auf dem Rütli leitet er ruhig und mit Ernst und Würde. Seine Rede wird aber schärfer, als er das Recht des Schweizer Volkes auf politische Freiheit vertritt und wird mitreißend, als er sich am Schluss der Rede auf die Urrechte der Menschen beruft. Nachdem der Rütli-Schwur geleistet ist, ist er derjenige, der einerseits zur Besonnenheit mahnt (vgl. III,3) und andererseits den Zeitpunkt zum Kampf erkennt. Schnell weiß er die Nachricht vom Tod des Kaisers und den daraus für sein Land entstehenden politischen Vorteil auszunutzen.
Obwohl Stauffacher eine zentrale Figur des Freiheitskampfes ist, so stellt er nicht sich in den Vordergrund, sondern nennt Tell den „Retter", den „Freiheit Stifter" (vgl. V. 3083 f.)

Walter Fürst
Walter Fürst tritt in den Szenen I,4/II,2/III,3/IV,2/ V,1 und in der „Letzten Szene" auf.
Er ist Tells Schwiegervater und ein Freund Stauffachers. Fürst ist ein ehrwürdiger alter Mann, freundlich und freiheitsliebend.
Aber er wägt sein Vorgehen ab und zeigt sich ängstlich vor der Verfolgung durch den Vogt. So bildet er ein Gegengewicht zu dem jungen Melchthal, der sich spontan ohne Überlegung rächen will, als er die Nachricht von der Blendung seines Vaters erhalten hat. Fürst lässt die Berufung Melchthals auf Notwehr nicht gelten, solange nicht alle drei betroffenen Kantone so denken und die rechtliche Frage eines Aufstandes geklärt ist. Als er die Möglichkeit eines Bundes sieht und erkennt, dass der Kaiser als höchster Richter versagt, stimmt er dem Freiheitskampf zu.

Da er Angst vor Entdeckung hat, wählt er für das Treffen der Männer einen ganz sicheren, nur schwer erreichbaren Ort, das Rütli, aus. Fürst, der behutsam vorgehen will, schlägt vor, repräsentative Männer des Volkes zur Versammlung mitzubringen. (vgl. I,4)

Fürst, der auf Mäßigung bedachte Mann des Widerstandes

Er ist derjenige, der in schwierigen Situationen eine realistische Sichtweise der Dinge behält und zur Mäßigung aufruft (vgl. V. 1355 f, V. 1365 f, V. 2481, V. 2853 f, V. 3025, V. 3068).

Arnold von Melchthal

Arnold von Melchthal tritt in den Szenen I,4/II,2/III,3/IV,2/ V,1 und in der „Letzten Szene" auf.

Er vertritt unter den Anführern des Aufstandes die stürmische Jugend. Melchthal handelt spontan und unüberlegt. In einem Streit um sein Ochsengespann hat er dem Knecht des Vogts Landenberg einen Finger zerschlagen und muss fliehen. Die Folgen hat nun der über alles geliebte Vater zu tragen, den Landenberg in seinem Zorn blenden ließ. Als Melchthal die Nachricht von den Folgen seines Handeln erhält, will er wieder ohne Überlegung losstürmen, um sich für diese Willkür zu rächen. Obwohl er so ungestüm ist, lässt er sich immer wieder von Fürst oder Stauffacher belehren oder zurückhalten (vgl. V. 623 f., V. 991 f.). Mutig versammelt er nicht nur gleichgesinnte Männer um sich, vorausschauend spioniert er auch verkleidet die Festungen Sarnen und Roßberg aus und liefert den Männern so wertvolle Informationen (vgl. V.1054 f.). Als einer der ersten überwindet Melchthal seine Einwände gegen den Adligen Ulrich von Rudenz (vgl. V. 2547) und gemeinsam zerstören sie die Festun-

Melchthal als Vertreter der stürmischen Jugend

gen und retten Berta von Bruneck. Die letzte und schwierigste Probe seiner Beherrschung hat er zu bestehen, als er Landenberger auf der Flucht erwischt und zulässt, dass sein Vater ihn verschont (vgl. V. 2903).

Gertrud Stauffacher

Gertrud Stauffacher tritt in der Szene I,2 auf. Diese Szene gibt einen Einblick in die politische Lage der Eidgenossenschaft (siehe S. 86). Trotz der immer schwieriger werdenden Situation ist das Gespräch der beiden Männer Stauffacher/Pfeifer geprägt durch Mäßigung und Aushalten.

Gertrud Stauffacher, eine Frau mit politischer Weitsicht

Ganz anders wird die Situation durch Gertrud Stauffacher gesehen. Die Tochter aus einem alten, den demokratischen und freiheitlichen Traditionen verbundenem Geschlecht ist die politisch Weitsichtigere. Sie ist es, die zu einer Verschwörung der Männer aus den drei betroffenen Kantonen rät. Unerschrocken wie sie ist, kommt für sie als letztes Mittel auch der bewaffnete Kampf in Frage (vgl. V. 320–321). Dieser Kampfgeist setzt endlich ihren Mann in Bewegung, den gefährlich werdenden Amtsmissbrauch der Vögte nicht weiter zu ertragen, sondern ihnen mit Verbündeten zur Gegenwehr entgegenzutreten.

Hedwig Tell

Hedwig Tell tritt in den Szenen III,1/IV,2 und V,2 auf. Sie ist die Tochter von Walter Fürst.

Hedwig Tell, ein Gegengewicht zu ihrem Mann

Als Gegengewicht zu ihrem mutigen und verwegenen Mann handelt sie besonnen und ist ständig in Sorge um ihre Familie. Sie verfügt über das Einfühlungsvermögen,

welches Tell zu Beginn nicht hat (vgl. V. 1570 f.) und erkennt die Gefahr, die Tell durch Geßler droht. Auch erkennt sie die politische Bedeutung der Verschwörung und die Rolle, die ihr Mann dabei spielen wird (vgl. V. 1521). Die Sorge um ihren Mann lässt sie zur Kämpferin werden. Nach der Verhaftung Tells durch Geßler klagt sie die Männer der Passivität und Hilflosigkeit an. Auch hier kann sie die Lage der Eidgenossen ohne Tell sehr realistisch einschätzen (vgl. V. 2365 f.). Hedwig erkennt den Zusammenhang zwischen Tells Tat und der Befreiung des Landes, so zeigt sie Unsicherheit, als ihr Mann endlich nach Hause zurückkehrt (vgl. V. 3142–3143). Instinktiv spürt sie, dass den Mönch, der sie aufsucht, etwas Bedrohliches umgibt. So will sie ihn nicht in ihre Nähe lassen und überlässt dies ihrem Mann.
Ihre Sorge und Angst um die Familie, die sie mit viel Gefühl äußert, steht im Gegensatz zu der rationalen, abwägenden und teils zögernden Haltung der Männer.

Berta von Bruneck

Berta von Bruneck tritt in den Szenen I,4/III,2/III,3 und in der „Letzten Szene" auf. Sie ist eine Adlige im Gefolge des Hauses Habsburg, zeigt aber Mitgefühl für die unter unwürdigen Umständen an der Zwing Uri arbeitenden Männer. Sie möchte dem abgestürzten Mann helfen, diese Hilfe wird von der aufgebrachten Menge jedoch abgelehnt. Berta erkennt, dass es mit der Festung Uri kein gutes Ende nehmen wird (vgl. V. 457–458).
Sie ist eine Frau, die weiß, was sie will. Sie verfügt über politischen Weitblick und kann ihre Lage gut einschätzen. Da ihre Güter innerhalb der Waldstätten liegen, ist sie für

B. von Bruneck, eine Gegnerin der Herrschaft der Vögte

die landgierigen Habsburger interessant. Durch eine Heirat und Annektierung gingen ihre Besitzungen verloren. So bedeutet eine freie Eidgenossenschaft für sie auch die Sicherung ihres Eigentums (vgl. V. 1161 f.). Berta kann Ulrich überzeugen, dass es sich lohnt, für sein Vaterland einzustehen. Auch sie beschwört die alten Werte, und angriffslustig spornt sie ihn zum Widerstand an (vgl. V. 1724 f.). So bereitet sie Ulrichs energisches Eintreten für Tell in der nächsten Szene vor. Nachdem die Kantone ihre Freiheit erkämpft haben, legt sie zusammen mit Ulrich ihre Adelsrechte ab und will als freie Schweizer Bürgerin an der Seite von Ulrich ein neues Leben beginnen.

Freiherr von Attinghausen

Der Freiherr von Attinghausen tritt in den Szenen II,1 und IV,2 auf. Er ist 85 Jahre alt, sehr groß und kleidet sich traditionell mit Gämsenhorn-Stab und Pelzwams. Ebenso traditionsverbunden ist sein Umgang mit den Knechten und Dienern, er frühstückt mit ihnen und trinkt mit ihnen aus einem Becher.

Dies zeigt, wie eng er mit dem Volk verbunden ist. Die Bindung an Herkunft und Traditionen bestimmen sein Leben.

Attinghausen, der Vertreter des alten Adelgeschlechts

Er ist der Lehnsherr, der Landammann, der dem Volk im Frieden vorsteht und der Bannerträger, der es im Krieg anführt.

Attinghausen weiß, dass er bald sterben muss und der letzte seines Stammes ist. Er ist stolz darauf, als Herr und Fürst auf eigenem Erbe und freiem Boden zu leben (vgl. V. 855 f.) und der Anführer und Beschützer eines Volkes zu sein, das über uralte Sitten, Kraft, Mut und große Freiheitsliebe verfügt. Ihm sind die Vorteile, die diese feste Gemeinschaft des Schweizer Volkes bietet, sehr bewusst. Deshalb ist es für ihn ganz selbstverständlich, das Land um jeden Preis zu verteidigen (vgl. V. 904 f.). Dies erwartet er auch von seinem Erben.

Um so schlimmer trifft es ihn, am Ende seines Lebens mit ansehen zu müssen, dass alles, was ihm wichtig war, in Gefahr ist. Er muss miterleben, dass der junge Adel, wie Wolfenschießen, angelockt von der Pracht und Macht des Habsburger Hofes, das eigene Land und das Schweizer Volk verrät. Sie lassen es zu, dass das Land ausgeplündert und unterdrückt wird. Sogar sein eigener Neffe, Ulrich von Rudenz, ist so geblendet vom falschen Glanz des großen Hofes, dass er hochmütig sein Volk als „Volk der Hirten" (V. 907) verachtet. Da sein Neffe alles erben wird, ist es für ihn schrecklich, sein freies Land als österreichisches Lehen untergehen zu sehen. Kurz vor seinem Tod muss er auch noch erfahren, dass nicht das Adelsgeschlecht zur Verteidigung aufruft, sondern die Bürger der drei Kantone (vgl. V. 2417 f.). Ihm wird klar, dass nun das politisch mündige Bürgertum den Adel ablöst und in der Lage ist, eine für die Eidgenossenschaft positive Zukunft zu schaffen. Aus dieser Erkenntnis und der Nachricht, dass sein Neffe auch dem Freiheitskampf beigetreten ist, entwickelt der alte Freiherr eine Vision der Zukunft. Attinghausen, der als Patriarch die Ideale der Vergangenheit verteidigt, sieht eine moderne bürgerliche Gesellschaft, ohne Standesdünkel, ‚in Freiheit lebend', voraus. Er ist sich sicher, dass die Gemeinschaft der Schweizer stark genug ist, um eine Einheit zu bilden. Mit dieser Mahnung, die Einheit zu bewahren, stirbt er.

Ulrich von Rudenz

Ulrich von Rudenz, der Neffe und Erbe Attinghausens tritt in den Szenen II,1/III,2/III,3/IV,2 und in der „Letzten Szene" auf. Er ist vom Leben am österreichischen Hof so begeistert, dass er dies auch durch seine Kleidung zeigt. Er liebt den äußerlichen Prunk, so trägt er bei seinem ersten Auftritt die Abzeichen der österreichischen Herzöge, die Pfauenfeder und den Purpurmantel (vgl. V. 778 f.). Rudenz hat sich dem Gefolge des Landvogtes Geßler aus verschiedenen Gründen angeschlossen. Einmal leitet ihn sein persönlicher Ehrgeiz und sein Streben nach Anerkennung und Ruhm, denn er schämt sich, aus dem „Bauernadel" zu stammen. Er verachtet das einfache Volk, das keinen Sinn für höfisches Leben hat. Außerdem hält er es für politisch klug, sich dem momentan Stärkeren anzuschließen. Ganz wichtig ist für ihn weiterhin die Tatsache, dass Berta von Bruneck, in die er sich verliebt hat, an Geßlers Hof lebt (vgl. II,1). Die Bitte seines alten Onkels, sich an seine Herkunft zu erinnern und sein Erbe nicht zu verraten, will er deshalb auch nicht hören.

Rudenz lässt sich von der Pracht bei Hofe blenden

Ulrich von Rudenz ist sich der Konsequenzen seines Handelns nicht bewusst und leicht zu beeinflussen. Erst seine große Liebe Berta von Bruneck kann ihn davon überzeugen, sich von Österreich abzuwenden. Ihm war Bertas schwierige Position am Hof Geßlers nicht bewusst, und als er merkt, dass er gerade wegen seiner Herkunft bewundert und geliebt wird (vgl. V. 1642 f.) besinnt er sich auf seine Heimat, die er verteidigen muss. Zu diesem Zeitpunkt weiß er aber noch nicht, wie er sich von Geßler lösen kann. Diese Gelegenheit bietet Geßler selbst, als er Tell zum Apfelschuss zwingt. Empört

Rudenz erkennt die Gefahr, die von Geßler ausgeht

über dessen Verhalten stellt er sich mutig vor Geßler und will ihn zum Zweikampf (Fehdehandschuh) herausfordern, nachdem er öffentlich seine Verblendung eingestanden hat.
Rudenz bereut es, sich nicht mehr mit seinem Onkel ausgesöhnt zu haben, dafür stürzt er sich umso mehr in die Planung der Erhebung. Entgegen der Abmachung am Rütli will er gemeinsam mit Melchthal nicht mehr abwarten, sondern aufbrechen, um die Burgen Sarnen, Altorf und Roßberg zu stürmen. Hier zeigt sich sehr deutlich eine Wandlung: Er, der nicht einmal das Frühstück gemeinsam mit Knechten einnehmen wollte, schließt sich dem Bund der Bauern und Bürger an, kämpft Seite an Seite mit Bauern und hebt nach ihrem Sieg die Leibeigenschaft seiner Knechte auf, so dass sie zu freien Eidgenossen werden.

Rudenz Widerstandskampf an der Seite der Bauern, sein Verzicht auf seine Adelsprivilegien

Landvogt Geßler
Der Kaiser und das Heilige Römische Reich Deutscher Nation sind die von den Schweizern anerkannten Instanzen. Sie garantieren seit Kaiser Friedrich II. und allen folgenden Kaisern Privilegien wie Reichsunmittelbarkeit, die Freiheit von Fürsten. Der Kaiser Albrecht I. (1298–1308) ist aber zugleich auch König von Österreich, der die Schweiz gern dem Machtbereich der Habsburger unterordnen will. Die Vögte, stellvertretend Geßler, eingesetzt um Recht und Ordnung aufrechtzuerhalten, werden jetzt zu Unterdrückern (vgl. V. 2709 f.).
Geßler tritt auf in den Szenen III,3 und IV,3 auf.
Er hasst das selbstbewusste und freiheitsliebende Volk der Schweizer. Ständig missbraucht er das Gesetz, um die Eidgenossen zu erniedrigen oder sie um ihren Besitz zu bringen.

Überall in seinem Machtbereich lässt er Zwingburgen errichten als Symbole seiner Herrschaft. Umgeben von seinem Gefolge, dass sich durch Prachtentfaltung leicht blenden lässt, und seinen Söldnern, ist er arrogant und menschenverachtend. Ohne diesen Schutz ist er ein Feigling, der im Grunde in jedem Bürger des Landes einen möglichen Mörder sieht. So auch bei seiner ersten Begegnung mit Tell (vgl. III,1). Dass Tell ihn so schwach gesehen hat, kann er ihm nicht verzeihen. Mit großer Genugtuung erkennt er sofort seine Möglichkeit, als Tell vor dem aufgestellten Hut verhaftet wird. Nun packt er Tell, den gefürchteten „Meisterschützen", an seiner Schwachstelle – die Liebe zu seinem Sohn. Geßler will diesen Zwischenfall dazu nutzen, nicht nur den stolzen Tell zu brechen, sondern ihm als Stellvertreter des Schweizer Volkes seine Ohnmacht vor Augen führen. So zwingt er Tell, eventuell seinen eigenen Sohn zu töten. Als Geßler Auflehnung gegen diesen ungeheuerlichen Befehl spürt, verschärft er ihn kalt sogar noch und droht die Tötung von Vater und Sohn an. Dass der vom Volk so geachtete Tell sich niederwirft und um Gnade fleht, lässt ihn den Augenblick nur noch mehr genießen (vgl. 1902 ff.). Umso größer ist dann seine Wut, als er erkennen muss, wie Tell diese scheinbar ausweglose Situation zu seinen Gunsten nutzen kann. Unfähig, sich in die Art der Schweizer einzufühlen, hat er genau das Gegenteil erreicht: Sie sehen im Schützen Tell nun auch einen Mann, der unter Gottes Schutz steht (vgl. V. 2070). Wieder einmal bricht Geßler bestehendes Recht, um den Eidgenossen zu demonstrieren, dass sie seiner Willkür ausgeliefert sind. Er lässt Tell verhaften und nach Küssnacht bringen. Jetzt erreicht er sein Ziel, die Schweizer sind entmutigt und hilflos.

Geßler hasst und verachtet das schweizerische Volk

Auf seinem Ritt nach Küssnacht, kurz vor seiner Ermordung, zeigt er noch einmal seine Verachtung des Schweizer Volkes, die sich durch große Brutalität äußert. Bevor der Vogt jedoch über neue Möglichkeiten, dem Volk das so verhasste Selbstbewusstsein zu nehmen, nachdenken kann, wird er von Tell getötet (IV,3).

2.5 Sachliche und sprachliche Erläuterungen

1. Aufzug, 1. Szene
Vers

Matte: Weide im Hochland
Reihen: Tanz, Melodie
2 Gestade: Ufer
15 Senne: Almhirte
30 Reis: Zweig
Handbube: Gehilfe
37 Naue: Boot, Kahn (Lat. Navis)
38 Talvogt: Nebel
38 Firn: sich in Eis verwandelnder Altschnee
66 Alzellen: Altzellen im Kanton Unterwalden
72 Landvogt: (lat. Advocatus) Beamter zum Schutz von Personen oder Sacher. Seit dem 11. Jhdt. bestellten Könige für ihre unmittelbaren Besitzungen, besonders im Grenzgebieten Reichsvögte, Auch niedere Beamte, wie Strand-, Burg-, Fronvogt wurden benannt.
74 Reisige: bewaffnete Reiter
77 Roßberg: Burg im Kanton Unterwalden
82 Hausrecht: römisches und altdeutsches Recht, erlaubte die Tötung ertappter Ehebrecher
101 ruchbar: bekannt
109 Föhn: warmer, trockener Südostwind in den Alpen
121 Rettungsufer: das gegenüberliegende Ufer gehört zu einem außerhalb des Machtbereich des Landenbergers liegenden Kanton
127 Bürglen: Dorf im Kanton Uri

146 Simons und Judä: 28. Oktober
176 Nachen: Kahn

1. Aufzug, 2. Szene
Vers

189 Gersau: Ort im Kanton Schwyz
198 Gebresten: Kummer
229 Lehen: Besitz, vom König oder Kaiser verliehen, dafür mussten Gegenleistungen erbracht werden
235 trutziglich: stolz
238 Ehewirt: Ehemann
219 Küssnacht: Stadt und Burg im Kanton Schwyz am Vierwaldstätter See
244 Pergamente: Urkunden, die Reichsunmittelbarkeit von Schwyz und Uri bestätigend
257 Altvordern: Vorfahren
266 den Höchsten in der Christenheit: der Kaiser
280 Joch: Last, Unterdrückung
294 Herrenleute: Freie, nur dem Reich zinspflichtige Landleute
300 kecklich: mutig
317 Unbilliges: Unrecht
336 Bannerherr: Träger des Landesbanners zu Kriegszeiten

1. Aufzug, 3. Szene
Vers

360 Twing: Zwang (mittelhochdeutsch twingen = Gerichtsbarkeit ausüben)
381 zu Uri, in der Freiheit Land: der Kanton Uri war seit 1231 reichsunmittelbar

384 fürder: weiterhin

413 Abred nehmen: sich besprechen
Tiefe: Bühnenhintergrund

434 gemein: gemeinsam

449 feil um Gold: durch Gold zu kaufen

1. Aufzug, 4. Szene
Vers

484 mich jammert: mir tut Leid

489 Unglimpf: Unglück, Unheil

518 Meinrads Zell: das Kloster Einsiedeln (Kt. Schwyz) Meinrad, der Sohn des Grafen Berchtold von Hohen Zollern, lebte an diesem Ort als Eremit

518 Welschland: Italien

519 Flüelen: am Ostufer des Urner Sees

554 Eidam: Schwiegersohn, hier Tell

556 Greulichers: Schecklicheres

557 Sarnen: Ort im Kanton Unterwalden

560 Kerns: liegt bei Sarnen

627 Schreckhorn, Jungfrau: Berge in den Berner Alpen

645 Notgewehr: Waffe

661 einen Rücken hat und Schirm: Rückhalt und Schutz

664 Landsgemeinde: Versammlung der stimmfähigen Männer eines Kantons

667 lüstern: begierig

688 Währung: Wert

700 Obmann: Schiedsrichter

712 verhehlen: verbergen

716 nid dem Wald: Ortsbezeichnung (Nidwalden)

720 Brunnen, Treib: einander gegenüberliegende Orte Am Vierwaldstätter See

726 Rütli: Waldwiese am Westufer des Urner Sees
727 ausgereutet: gerodet
735 Gemeine: das gemeinsame Anliegen
748 wallen: wallfahren
750 tagen: Tag werden

2. Aufzug, 1. Szene
Vers

757 Schaffner: Aufseher
779 Pfauenfeder, Purpurmantel: Zeichen des Hauses Habsburg
794 buhlen: werben, schmeicheln
795 Geißel: Peitsche, hier: Not
798 Dranges: Bedrängnis
799 Volk die Augen halten: dem Volk die Augen verschließen
803 Waldstätte: die Kantone Uri, Schwyz, Unterwalden
812 Landammann: Vorsitzender der Landsgemeinde
817 Pair: Gleichgestellter
828 gemeinem Tagwerk: gewöhnliche tägl. Arbeit den Lenz des Lebens: die besten Lebensjahre
834 Herold: Ausrufer
874 Saumross: Lastenpferd
875 Gotthard: Passstraße nach Italien zollen: Zoll bezahlen
883 Schirm des Adlers: Schutz des Kaiserreiches
899 Den Hochpflug: sich die Jagd auf Großgeflügel wie den Auerhahn und das Hochwild, wie Hirsche vorbehalten
910 Favenz: Faenza bei Ravenna. Die Waldstätten unterstützten Kaiser Friedrich II. bei der Belagerung

von Faenza. Der Kaiser verlieh ihnen daraufhin Freiheits Briefe

2. Aufzug, 2. Szene
Vers

Prospekt: Bühnenhintergrund
964 Selisberg: Ort nahe dem Rütli
965 Mettenglöcklein: Glocke, die zur Messe läutet
982 säumen: zu spät kommen
997 Surennen: Pass von Altorf nach Engelberg
1004 Runsen: Rinnen
1076 Strauß: Kampf
1081 wohl berufen: einen guten Ruf haben
1086 Wiederpart: Gegner
1087 mit mir rechnet: im Rechtsstreit liegt
1090 Horn von Uri: Auerhorn, von den Urnern auf Kriegs Zügen geblasen
1095 Sigrist: Küster
1125 Weibel: Gerichtsdiener
1131 heischen: erbitten
1144 Tages Haupt: Vorsitzender
1177 Muotta: liegt im Kanton Schwyz
1195 Flecken: Ort
1207 Sassen: Dienstleute
1214 Kaiser Friedrichs Brief: vgl. V. 910
1227 Heribann: Aufgebot waffenfähiger Männer zum Kriegsdienst
1228 Reichspanier: Reichsbanner
1233 Blutbann: höchste Gerichtsgewalt über Leben und Tod
1244 Pfaffen: Geistliche

1248 herfürzog: hervorzog
1307 aller Ehren bar: ohne jegliche Ehre
1323 Rheinfeld: Rheinfelden bei Basel
1336 Herzog Hansen: Parricida
1342 hinterhält: zurückhalten
1360 Rappersweil: Rappersweil im Kanton St. Gallen, am Züricher See
1362 Der großen Frau (...): Kloster in Zürich
1415 schwanke Leiter: Strickleiter
1440 Die glühende Hochwacht: Morgenröte
1454 Genosssame: Gemeindebezirk

3. Aufzug, 1. Szene
Vers

1470 Weih: Weihe, Raubvogel
1477 Strang: Bogensehne
1491 härmt: sorgt
1492 Wagefahrten: waghalsige Unternehmungen
1500 Windlawine: Staublawine

3. Aufzug, 3. Szene
Vers

3. Bannberg: Die Bäume dürfen dort nicht geschla-
4. gen werden, da sie vor Lawinen schützen sollen
1610 naturvergeßnen Sohn: Sohn, der seine Pflichten vergisst
1747 Hochwürden: Sanctissimum = Allerheiligstes, geweihte Hostie
1750 Monstranz: Gefäß, in dem die Hostie aufbewahrt wird
1756 Referenz machen: Ehrerbietung zeigen

1769 der Mut sticht: den Mut haben
1734 Anger: Wiesenplatz
1735 Popanz: Vogelscheuche, hier: der Hut des Vogtes
1818 Mandat: Verordnung
1904 Weise: Lebensart
1905 Wagstück: gefährliches Vorhaben
1911 Kurzweil: Scherz
1912 Weite: Entfernung
1990 Koller: Art Weste
2026 Den Handschuh (...): Das Werfen des Handschuhs war unter Rittern das Zeichen zur Fehde (Zweikampf).

4. Aufzug, 1. Szene
Vers

2128 kommlich: angenehm
2146 Kulmen: Bergkuppen
2188 Teufelsmünster: schroffe Felsklippe am Westufer des Urner Sees
2191 Hakmesser: am Ostufer des Urner Sees
2194 Fluh: schroffe Felswand
gähstotzig: abschüssig
2210 Banden: Fesseln
2226 Gransen: Schiffsschnabel
2230 gählings: plötzlich
2246 hiedannen: von hier fort
2294 Schwäher: Schwager

4. Aufzug, 2. Szene
Vers

2322 Schickung: Fügung

2360 Balsamstrom der Lüfte: schöner Geruch der Luft

2432 Üchtland: Land zwischen Alpen und Jura, nahe der Stadt Freiburg

2432 Thurgau: im Nordosten der Schweiz

2433 Botensegel: Botenschiff

2433 Die edle Bern, (...) Zürich: die Städte Bern und Zürich

2435 Zünfte: Vereinigung der Handwerker

2438 Die Fürsten seh ich (...): 1315 zog Leopold, ein Sohn Albrecht I., der Erbe der habsburgischen Rechte in der Schweiz, mit einem Ritterheer gegen die Waldstätte. Er wurde im Pass bei Morgarten geschlagen.

2439 Harnisch: Brustpanzer

2443 Der Landmann stürzt sich (...): In der Schlacht bei Sempach 1386 gelang es Arnold von Winkelried, eine Gasse in die Mauer aus Speeren und Spießen zu schaffen, indem er einige Spieße umfasste und sich in die Brust drückte.

2450 Das sich der Bund (...): dem Bund der drei Waldstätten (1291) trat 1332 Luzern bei; es folgten in der Zeit von 1351–1353 Zürich, Glarus und Bern.

2483 wessen (...) versehen: was kann man von euch erwarten.

4. Aufzug, 3. Szene
Vers

2626 Ammonshorn: versteinerte Schneckenschale
2627 Weidwerk: Jagd
2641 Grattier: Gemse
2651 Klostermeir: Verwalter eines Klostergutes
Mörlischachen: Merlischachen am Vierwaldstätter See
2652 Brautlauf: Hochzeitszug
2653 Senten: Herden unter dem Schutz eines Sennen
2654 Imisee: Immensee, in der Nähe von Küssnacht
2664 Ruffi: Erdrutsch
2665 Glarner Land: Kanton Glarus, an Schwyz und Uri angrenzend
2666 Glärnisch: Bergmassiv in den Glarner Alpen
2669 Baden: im Aargau, nahe der Mündung der Limmat in die Aare. Früher habsburgische Residenz
2728 Vater: hier Rudolf von Habsburg
2729 Sohn: hier Albrecht I.
2738 Wildheuer: sehr arme Leute ohne eigenes Land
2739 Rigiberg: im Norden des Vierwaldstätter Sees, im Kanton Schwyz
Barmherzige Brüder: Mönche

5. Aufzug, 1. Szene
Vers

2848 Stier von Uri: der Urner, der das Auerhorn bläst.
2894 selbander: zu zweit
2903 Brünig: Gebirgspass
2910 Urfehde: eidlicher Verzicht auf Rache
2946 Bruck: Ort im Aargau

2953 Vatermord: Johann von Schwaben, Parricida, war der Neffe König Albrechts I. Vatermord = Verwandten Mord
2967 Hans und Leopold: Johannes von Schwaben und der Sohn Albrecht I.
2976 Feste Habsburg: Habichtsburg, Stammsitz der Habsburger
2997 Agnes: Tochter Albrechts I.
3024 Graf von Luxemburg: Heinrich VII.; 1308 deutscher König, 1312 Kaiser
3033 Königin Elsbeth: Elsbeth von Kärnten, Witwe Albrechts I.
3041 versieht sich: erwartet

5. Aufzug, 2. Szene
Vers
3107 Schächental: Seitental der Reuß
3164 Ohm: Onkel
3258 Felsentor: das Urner Loch, 1707 durch den Fels gesprengt

Die politischen Verhältnisse und gesellschaftlichen Strukturen in den drei Waldstätten

Heiliges Römisches Reich Deutscher Nation

Die politischen Verhältnisse und gesellschaftlichen Strukturen in den drei Waldstätten

Heiliges Römisches Reich Deutscher Nation

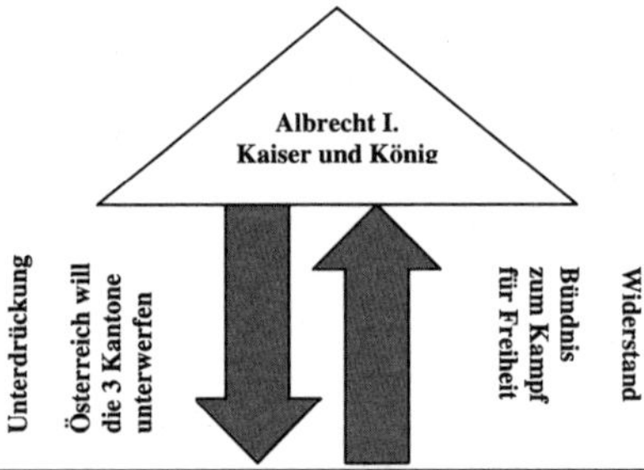

Die drei Waldstätten (Kantone) Uri, Schwyz und Unterwalden

Vom König benannte Vögte
Hermann Geßler (Reichsvogt in Schwyz und Uri)
Landenberg (Reichsvogt in Unterwalden).
Wolfenschießen (Burgvogt auf der Burg Roßberg)

Adlige
Werner, Freiherr v. Attinghausen, Ulrich v. Rudenz, Berta v. Bruneck

Besitzer von Reichslehen (Schwyz)
Werner v. Stauffacher
Gertrud v. Stauffacher

Freie Bauern, Hirten, Jäger, Fischer

Schwyz:
Konrad Hunn, Itel Reding, u.a.

Uri:
Walter Fürst, Kuoni,Wilhem Tell, Werni, Ruodi

Unterwalden:
Arnold vom Melchthal, Konrad Baumgarten, Meier von Sarnen, Struth von Winkelried, Klaus von der Flüe

Der Vierwaldstätter See

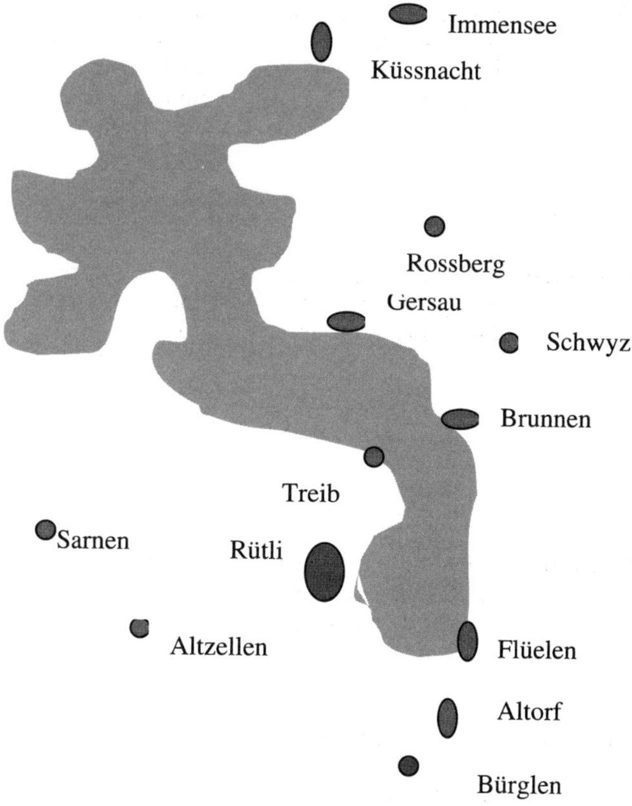

2.6 Stil und Sprache

Blankvers	Seit Lessing wird der reimlose jambische Fünfheber häufig verwendet.	„Da kam der Landvogt gegen mich daher/Er ganz allein mit mir, der auch allein war,..." (V. 1554 f.)
Enjambement	Zeilensprung, d. h. Vers- und Satzende fallen nicht zusammen.	„Da jammert mich sein, ich trat zu ihm/ Bescheidentlich und sprach: Ich bin 's, Herr Landvogt." (V. 1564 f.)
Stichomythie	Rede und Gegenrede im längeren Zwiegespräch bestehen jeweils aus einer Zeile.	vgl. z. B. V.1799–1815
Figurenrede	Dialoge enthalten häufig hohen Redeanteil des Einzelnen (monologhaft).	vgl. z. B. V. 2224–2279

Teichoskopie	Bühnentechnischer Kunstgriff zur Erweiterung der Bühne, Geschehen wird berichtet.	vgl. z. B. V. 2099 f., V. 2874 f.
sehr ausführliche Regieanweisungen Illusionsbühne	Rolle der Natur wird deutlich hervorgehoben (Einfluss Rousseau), ebenso Handlungen.	vgl. z. B. I,1/V,1 vgl. z. B. III,3
Verzicht auf differenzierte Sprachebenen	alle Figuren zeigen gleiche Sprachkompetenz.	
Kontrastierung	Schwarz-Weiß-Malerei, Idylle.	Geßler – Tell
Liedhafte lyrische Sprache	Aufzeigen einer fremden, erdichteten Welt.	vgl. Anfang I,1
Pathos	Sprachausdruck der feierl. Ergriffenheit, des begeisternden Schwungs, der erfüllten Empfindung.	vgl. V. 2430 f.

Entindividua-lisierung	Sentenzen: drücken allgemeingültige Ideen aus, überhöhen Sachverhalte sprachlich, Sentenz wird häufig zum Sprichwort.	vgl. z. B. I,3/III,2 „Früh übt sich, was ein Meister werden will." V. 1480
	Bilder/Vergleiche: Distanz Ausdruck und Person, Figur wird zum Sprachrohr.	vgl. z. B. I,3/I,4 Sprache Tell/ Melchthal

2.7 Interpretationsansätze

Das Drama Schillers setzt eine geschlossene und sozial gestufte Welt voraus, eine Hierarchie, die auf der Bühne vorausgesetzt und im Spiel verdichtet wird. Die Konzeption seiner Dramen ist bis ins Kleinste durchdacht. Er wusste genau Bescheid über Regeln, Kniffe und Möglichkeiten, um die Handlung beginnen zu lassen, die Spannung zu steigern oder in der Schwebe zu halten, die Auftritte und Abgänge der handelnden Personen so effektvoll wie möglich zu gestalten und Schlusspointen zu setzten. Hier bieten sich viele Beispiele an, wie Tells Abgang, nachdem er Geßler ermordet hat, oder die pathetische Schluss-Szene des Dramas. Auch diese meisterliche Dramengestaltung trug zum großen Erfolg des Stückes bei.

Bei dem Drama *Wilhelm Tell* geht es nicht – wie der Titel vermuten lässt – um die Darstellung eines bestimmten Schicksals, sondern um die Vermittlung einer Idee. Nur so können die unterschiedlichen Handlungsebenen, die Klischeehaftigkeit der Charaktere und ihre sentenzenhafte, sehr abstrakte Art zu sprechen erklärt und funktionalisiert werden.

Vermittlung einer Idee

Die Idee des *Wilhelm Tell* ist es aufzuweisen, wann, wie und unter welchen Umständen ein gewaltsamer Aufstand gegen eine Obrigkeit gerechtfertigt sein kann und welche Bedingungen die Menschen erfüllen müssen, um eine Gesellschaft freier Menschen zu ermöglichen.

Da das Volk der Schweizer als Ganzes Träger der Bewegung, der Held des Schauspiels ist, musste Schiller das Wesen dieses Volkes im Bild darstellen. Es war der erste Versuch, die Massenpsychologie an Stelle der Einzelcharak-

teristik zu setzen, die zum Beispiel in Goethes *Egmont* noch zur Zeichnung einer Volksmasse dienen musste. Daher wird bei der Zeichnung der Charaktere das Typische betont. So sind in dem Drama alle Lebensalter und Lebensverhältnisse vertreten, vom Kind zum alten Mann, vom Knecht zum Adeligen. Individuell sind aber die Umstände, die den Einzelnen zum Aufstand ermutigen, jedoch erst durch die Beziehung zum Ganzen erhält der Einzelne seine Bedeutung.
Der Beginn der ersten Szene steht in einem seltsamen Gegensatz zu den Ereignissen und zum politischen Gehalt des gesamten Schauspiels. Der Zuschauer wird in eine unwirkliche, fremde Welt versetzt, die eine vollkommene **Idylle** zeigt.
Es hat den Anschein, als wolle Schiller den Zuschauer mit Gewalt in eine andere neue Welt führen und so von möglichen geschichtlichen Verbindungen lösen. Schiller sagt selbst, dass er mit dem Material der Schweizer Geschichte „so viel poetische Operation" vorgenommen habe, dass die Handlung „aus dem Historischen heraus und ins Poetische eingetreten ist" [14]. Der Begriff des Poetischen meint hier, das Stück nicht als dramatische Darstellung wirklicher Ereignisse zu sehen, sondern als eine Fiktion, in der die Konstellation bestimmter Personen und Ereignisse bedeutsam ist.
Mit dem Auftreten des verfolgten Baumgarten wird die Idylle zerstört und Unterdrückung, Brutalität und die langsame Entwicklung einer Gegenwehr bestimmt die Handlung. Das Schauspiel endet dann erneut in Harmonie, diese hat aber eine andere Qualität, da nicht mehr die Idylle, die Harmonie zwischen Mensch und Natur im Vordergrund steht, sondern der Anfang einer neuen Gesellschaftsstruktur mit Menschen, die sich ihre Bürgerrechte erkämpft haben.

14 Fritz Jonas, Bd. 7, zitiert nach Lecke, S. 491

„Das Tragische geht im ‚Wilhelm Tell' in die ‚Idylle' über: als Begriff eines völlig aufgehörten Kampfes sowohl in dem einzelnen Menschen als auch in der Gesellschaft, einer freien Vereinigung der Neigungen mit dem Gesetze, einer zur höchsten sittlichen Würde hinaufgeläuterten Natur, kurz, es ist kein anderer als das Ideal der Schönheit, auf das wirkliche Leben angewendet. Es geht im ‚Tell' nicht nur um das moralische Problem, sondern um das Problem der existenziellen Freiheit. In Tells Autonomie erweist sich, was zum Fundament und Wesen des ästhetischen Staates wird und so das Menschlich-Humane und das Geschichtlich-Politische zusammenfallen lässt, im Historischen das Poetische bewährt." [15]

Für Schiller ist der Aufstand gegen eine Obrigkeit nur dann möglich, wenn er auf der gemeinsamen Aktion und der individuellen Handlung beruht. So kann auch die dramatische Struktur des *Wilhelm Tell* gesehen werden, die sich in die **Tell-Handlung und die Volks-Handlung** aufgliedern lässt. Held und Volk sind Faktoren, die nur gemeinsam das Gelingen eines Aufstandes ermöglichen.
An das Ende des zweiten Aktes setzt Schiller den Rütli-Schwur, auf den die Handlung des ersten Aktes hinführt. Den Entschluss der Kantone zu handeln, Maßnahmen gegen den Terror der Vögte zu ergreifen, sichert Schiller auf verschiedenen Ebenen als vernünftig und angemessen ab. So kann er diesen Entschluss als etwas Selbstverständliches darstellen, mit dem sich der Zuschauer identifizieren kann. Die Rechtfertigung der Gewalt begründet er mit der Verteidigung dessen, was die Schweizer ausmacht. Der Eid am

Kennzeichen der Schweizer Identität

15 Fritz Martini, *Deutsche Literaturgeschichte*, Stuttgart 1984, S.293

Rütli zeigt die Kennzeichen der Schweizer Identität auf: Einigkeit, Freiheit, Vertrauen auf Gott und Furchtlosigkeit.
Der dritte Akt bildet einen deutlichen Einschnitt im dramatischen Verlauf der Handlung. Die Volks-Handlung wird nun durch die Tell-Handlung abgelöst. Alle Ereignisse, die nach dem Entschluss zum gemeinsamen Handeln zur Befreiung der Schweizer Eidgenossen führen, werden durch Wilhelm Tell ausgelöst oder beeinflusst. Er kann so, eingebettet in eine Entscheidung der Schweizer Bevölkerung, stellvertretend für alle Schweizer sprechen und handeln. Der erste Teil des Dramas zeigt die gedankliche Entwicklung des Widerstandes. Im zweiten Teil des Dramas wird der Ablauf der Gegenwehr thematisiert.
Die Apfelschussszene (III, 3) ist eine der bekanntesten und am häufigsten nachgespielten Szenen der deutschen dramatischen Literatur. Ihre große Wirkung liegt in ihrer Symbol- und Bildhaftigkeit. Hier wird äußerst effektvoll die Willkür, die menschenverachtende Haltung der Vögte und die absolute Wehrlosigkeit der Bevölkerung dargestellt. Dadurch, dass Tell verhaftet wird, scheint alles verloren zu sein. Gerade diese Ausweglosigkeit der Situation der Schweizer leitet die Lösung ein und zwar durch die Umkehrung der Verhältnisse am Ende des 3. Aktes, 3. Szene. Die Lösung liegt in der Zerstörung des Bösen, verkörpert durch Geßler.

„Der Apfelschuss vergewaltigt ihn in seiner Menschlichkeit; er bringt ihn in die Nähe des Mordes am eigenen Sohn. Indem er den Mord an Geßler im Bewusstsein der gerechten Notwendigkeit auf sich nimmt, überwindet er die Verstrickung in die schuldhafte Tat und stellt er das Humane wieder in sich her.

Es geht nicht nur um das politische, moralische Prinzip des nationalen Rechts zur Freiheit, sondern um die ethische und ‚ästhetische' Selbstbewahrung des Menschen in seiner Freiheit und Harmonie." [16]

Schiller hat die **Rechtfertigung für das Aufbegehren der Schweizer** überdeutlich vorbereitet: Die ersten Akte und die Apfelschuss-Szene haben die Gewaltherrschaft der Vögte deutlich hervorgehoben. Der Schwur der Eidgenossen am Rütli hat die politische Motivation zur Gegenwehr geliefert und das Gespräch zwischen Attinghausen und Rudenz im zweiten Akt hat deutlich gemacht, dass ein Hinnehmen der Herrschaft der Vögte moralisch bedenklich ist. Trotzdem fügt Schiller weitere Szenen ein, die erneut eine Rechtfertigung des Aufstandes beinhalten: Hedwigs Anklage (privatmenschlich), Rudenz Wandlung (konkret) und Tells Monolog (moralisch).

Im ersten Teil der Szene (IV, 2) bezichtigt Hedwig die versammelten Bürger als tatenlos und feige. Ihre Provokation bestärkt die Eidgenossen, sich endlich gegen die Vögte zu wehren. Im zweiten Teil der Szene entwirft der sterbende Attinghausen seine Vision, seine Idee einer neuen Schweiz. Diese Vision nimmt vorweg, was in der Schlussszene zur Wirklichkeit wird und Schillers Idee vom gesellschaftlichen Zusammenleben widerspiegelt: Ein Bund von Menschen, der auf der Basis der Werte Freiheit, Gleichheit und Brüderlichkeit basiert.

Freiheit, Gleichheit und Brüderlichkeit

Im dritten Teil der Szene tritt Rudenz als „bekehrter Schweizer" in der Vordergrund. Seine Wandlung vom Anhänger der

16 ebd., S. 29

Willkürherrschaft zum Freiheitskämpfer zeigt die erste positive Auswirkung des Entschlusses, sich zur Wehr zu setzen.
In der dritten Szene des fünften Aktes wird Geßler ermordet. Der Schwerpunkt liegt aber nicht auf der Tat, sondern auf Tells Monolog und der Reaktion des Volkes. Tell handelt aus Notwehr, damit wird der Vorwurf, aus Rache gehandelt zu haben, völlig entkräftet. Schiller war es offensichtlich sehr wichtig herauszustellen, dass Tell aus moralischen Gründen handelt und nicht aus niedrigen Beweggründen. Dass er sich aber auch der politischen Tragweite seiner Tat bewusst ist, zeigen seine ersten Worte nach der Tötung Geßlers, die die Befreiung des Landes von einem Tyrannen betreffen.

„Tell selbst erkennt, dass die furchtbare Tat der Notwehr seinem ganzen Volk so gut wie seinem Haus gegolten hat: ‚Freiheit den Hütten!' Weil er allen die rettende Tat bringen soll, darf er in seiner Selbstständigkeit nicht gehemmt sein durch den förmlichen Beschluss einer Allgemeinheit, die das Befreiungswerk hinausschieben und es nur auf ein gemeinsames Vorgehen begründen will, jeden Akt der Selbsthilfe aber streng untersagt. Deshalb wohl lässt Schiller, abweichend von Tschudi und älteren Dichtungen, Tell an der Verschwörung auf dem Rütli nicht teilnehmen und bringt ihn so zu den erwägenden Eidgenossen scheinbar in Gegensatz." [17]

Mit dem fünften Akt endet die Volkshandlung, die in den ersten beiden Akten bestimmend ist. In der Rückschau wird der Kampf gegen die Vögte geschildert. Der Hut, zuvor Symbol der Unterdrücker, wird jetzt zum Zeichen der Freiheit. Tells bedeutende Rolle in diesem Kampf wird benannt und

17 Anselm Salzer, *Illustrierte Geschichte der Deutschen Literatur*, Köln o. J., S. 215

gewürdigt. Die Identifikation des Volkes mit ihrem Helden Tell an dieser Stelle des Schauspiels verbindet die Volkshandlung mit der Tellhandlung. Diese Szene weist unmittelbar auf die „Letzte Szene" hin: Die Schweizer feiern ein großes Fest, hier wird die neue Auffassung von dem, was ein Volk ausmacht, deutlich durch die Begriffe „Bund" und „Freiheit".

Dies genügt Schiller offenbar nicht. Erneut unterbricht er die Handlung und wirft nochmals die Frage nach der Rechtfertigung eines Aufstandes gegen die Vögte auf. Die Erhebung der Schweizer wird mit der Gewalttat Parricidas gegen den Kaiser verglichen und noch einmal als moralisch gerechtfertigt bestätigt, indem Tell eine letzte Rechtfertigung seiner Tat als Notwehr eines Vaters gibt. Bei Parricida handelt es sich um Mord aus Ehrgeiz, der in zweifacher Weise schuldhaft ist, da er seinen Vater und zugleich seinen Kaiser tötet.

Die Rechtfertigung eines blutigen Aufstands gegen einen Unterdrücker durchzieht als roter Faden das gesamte Schauspiel. Das Bemühen, den Aufstand als menschlich verständlich, moralisch gerechtfertigt und politisch notwendig zu zeigen, macht den Kern des Schauspiels aus.

So wie das Festspiel Ausgleich und Zusammenführung anstrebte, so verband Schiller mit diesem Stück populäre Theaterdarbietung und ästhetische Kultur, ohne die Idee des klassischen Kunstwerks aus den Augen zu verlieren.

3. Themen und Aufgaben

In diesem Schauspiel werden, ganz entsprechend des überlieferten Tell-Stoffes, die beiden Handlungsstränge Eidgenossen (Volk) und Tell (Held) verbunden. Darüber hinaus versucht Schiller, den Aufstand der Eidgenossen gegen die kaiserliche Verwaltung zu rechtfertigen.
Die sich daraus ergebende sehr komplexe Handlung schlägt sich auch in der Dramenstruktur nieder, die wiederum Anlass für eine sehr unterschiedliche Aufnahme des Stückes bis heute ist.
Daraus ergeben sich vielfältige Möglichkeiten der Aufgabenstellung.
Die Lösungstipps beziehen sich auf die Seiten der vorliegenden Erläuterung.

1. Thema: Unterdrückung

▶ Erläutere, wie das Volk der Schweizer unterdrückt wird und wie die Leute darauf reagieren. ▶ Fertige zu deinen Überlegungen eine Skizze an, die alle wichtigen Aspekte in Stichworten enthält.	Textgrundlage: 1. Akt Lösungshilfe: s. S. 56, 68 f.

▶ Geßler oder Stauffacher schreibt einen Bericht an den Kaiser über die Vorfälle in Altorf. Berücksichtige den jeweiligen Standpunkt der Männer, der sich in Inhalt und Sprache widerspiegeln muss.	Textgrundlage: Szene III,3 Lösungshilfen: s. S. 47, 58, 65, 73

2.	**Thema: Dramenaufbau**	
▶	Stelle dar, wie sich die Handlung von Szene zu Szene im 1. Akt entwickelt. Erläutere, welcher Konflikt hier im Mittelpunkt steht.	Textgrundlage: 1. Akt Lösungshilfen: s. S. 39 f., 56
▶	Goethe (1749–1832), ein Freund Schillers und ebenfalls ein Dichter, hat die Vollkommenheit des 1. Aktes gelobt: „Das ist den freilich kein erster Akt, sondern ein ganzes Stück, wozu ich von Herzen Glück wünsche und bald mehr zu sehen hoffe." (13. 01. 1804) Was könnte Goethe zu diesem Lob veranlasst haben?	

Dein französischer Austauschpartner hat an einer Deutschstunde teilgenommen, in der die Szene III,2, V. 1613 ff. gelesen wird. Er versteht den Text trotz größter Anstrengung nicht, obwohl er gut Deutsch spricht. Er bittet dich, ihm bei seinen Verständnisschwierigkeiten zu helfen:

▶	Erkläre ihm, worin seine Verständnisschwierigkeiten begründet sind und zeige ihm an konkreten Beispielen, welche Abweichungen von der Standardsprache vorkommen.	Textgrundlage: III,2 Lösungshilfen: s. S. 47, 90
▶	Pharaphrasiere die Verse 1613–27 so, dass er den Sinn erfassen kann und verwende dabei die Standardsprache.	
▶	Erläutere ihm die besondere Wirkung.	

▶ Zerlege die vorliegende Szene in einzelne Abschnitte (Schnitte). ▶ Erstelle für die szenische Darstellung der einzelnen Schnitte einen Regieplan, in dem der Ort des Geschehens, Personen und deren Handlung aufgeführt sind. Erkläre alle Zeichen, die du verwendest. ▶ Kommentiere die einzelnen Schnitte mit einem begleitenden Text. Mache darin vor allem deutlich, wie die Personen gesehen und dargestellt werden sollen.	Textgrundlage: III,3 Lösungshilfen: s. S. 47 f., 58, 64, 73

3. Thema: Solidarisches und individuelles Handeln als Grundlage eines Aufstandes

▶ Schreibe eine Rollenbiografie (Selbstbiografie) Tells auf der Grundlage der vorliegenden Szene. ▶ Kommentiere deine eigene Fassung, indem du dich auf zentrale Aussagen des Schauspiels beziehst.	Textgrundlage: Szene III,1 Lösungshilfen: s. S. 46, s. S. 21, 23, 38, 63

▶ Fasse den Inhalt der vorliegenden Szene kurz zusammen und ordne sie in den Kontext ein. ▶ Erarbeite, wie Tell im Gespräch mit Stauffacher dargestellt wird. Vergleiche dabei Haltung und Auftreten Tells in dieser Szene mit der Haltung und dem Auftreten in Szene I,1.	Textgrundlage: Szene I,3 Lösungshilfen: s. S. 39, 41, 56, 63

In seinem Stück *Wilhelm Tell* zeigt Schiller immer wieder auf, wie wichtig das Handeln der Gemeinschaft und des Einzelnen ist, wenn ein Aufstand gerechtfertigt sein soll.
Du sollst nun zu vorliegender Szene III,2 arbeiten:

▶ Suche relevante Textstellen, die über den jungen Rudenz Auskunft geben, und schreibe sie als Zitate mit Textstellenangabe auf. ▶ Zum Ende der Szene sagt er: „Doch wie mich retten, wie die Schlinge lösen,/ Die ich mir töricht selbst ums Haupt gelegt?" (V. 1722–1723) Nach dem Treffen mit Berta von Bruneck schreibt er in sein Tagebuch. Er versucht herauszufinden, wer er ist, und reflektiert dabei sein Leben, seine Situation in der letzten Zeit und seine Handlungsweise. Schreibe diesen Text und gehe dabei auf deine Ergebnisse aus Aufgabe 1 ein.	Textgrundlage: Szene III,2 Lösungshilfen: s. S. 38 f., 56 f., 72

▶ Erarbeite Inhalt und Argumentationsgang der vorliegenden Szene und erläutere ihren Kontext. ▶ Erläutere, welchen Anteil Gertrud und Hedwig am Befreiungskampf der Schweizer haben.	Textgrungdlage: Szene IV, 2 Lösungshilfen: s. S. 50, 59, 68

4. Thema: Rechtfertigung von Gewalt gegen staatliche Obrigkeit

▶ Ordne den Dialog zwischen Attighausen und Rudenz in den Kontext ein. ▶ Analysiere sorgfältig den Gesprächsverlauf.	Textgrundlage: Szene II,1 Lösungshilfen: s. S. 43, 57, 70 f., 72 f.

Analysiere die vorliegende Szene I,4:

▶ Fasse den Inhalt der Szene kurz zusammen. ▶ Beschreibe und charakterisiere stichwortartig, aber möglichst genau, Arnold vom Melchthal. ▶ Verfasse eine Tagebuchaufzeichnung, die seine Gefühle, seine Erlebnisse und seine Entscheidung deutlich macht. Verwende dazu deine Ergebnisse aus Aufgabe 2.	Textgrundlage: Szene I,4 Lösungshilfen: s. S. 42, 56, 67

▶ Erörtere, ausgehend von dieser Textstelle und anderen geeigneten Stellen, ob die Verschwörung und der Widerstand der drei Kantone berechtigt/nicht berechtigt ist. Mache dabei deutlich, welche Begründung dich am stärksten überzeugt. ▶ Erläutere, unter welchen Bedingungen in der heutigen Zeit Widerstand gegen den Staat gerechtfertigt oder notwendig wäre.	Textgrundlage: Szene II,2 Lösungshilfen: s. S. 44 f., 57, 58, 51, 56

▶ Ordne das Treffen der Männer am Rütli in den Kontext ein und fasse den Inhalt kurz zusammen. ▶ Erläutere, was Schiller macht, damit der Rütli-Schwur von den Lesern/Zuschauern als ein gerechter und notwendiger Akt der Selbstverteidigung verstanden wird. ▶ Erarbeite dazu eine Skizze.	Textgrundlage: Szene II,2 Lösungshilfen: s. S. 44 f., 57

▶ Analysiere sorgfältig die Auseinandersetzung zwischen Tell und Parricida. ▶ Erarbeite, ausgehend von dieser Textstelle und anderen geeigneten Stellen, die Motive der Tat, Tells Vorwürfe und Parricidas Reaktion. ▶ Stelle heraus, zu welchem Ergebnis die Auseinandersetzung führt.	Textgrundlage: V,2 / IV,3 Lösungshilfen: s. S. 51, 54, 60, 63 f.

▶ Fasse den Inhalt der letzten Szene kurz zusammen und erläutere ihre Funktion für das ganze Drama. ▶ Setze dich mit Schillers Utopie einer „ästhetischen Gesellschaft" auseinander und fertige eine Collage aus Zitaten aus dem Stück an.	Lösungshilfen: s. S. 37, 54, 61

4. Rezeptionsgeschichte

Wilhelm Tell im 19. Jahrhundert

Die Wirkung und Rezeption des *Wilhelm Tell* beruhen in den vergangenen 130 Jahren vor allem auf Schillers starkem politischen Willen, der großen Theaterwirksamkeit des Stückes und dem Idealismus der Freiheit.

Schillers Pathos der Selbstbestimmung wurde vom liberalen Bürgertum des 19. Jh. als dichterischer Ausdruck ihrer politischen Absichten verstanden.

Am 19. 07. 1870 hatte Frankreich Preußen den Krieg erklärt. Unter dem Eindruck dieses Krieges wurden die Kritiken sehr positiv und hoben die Idee des Freiheitskampfes hervor. So eine Rezension von Theodor Fontane (1819–1898) zu einer *Tell*-Aufführung im Jahre 1870, erschienen in der *Vossischen Zeitung* am 19. 08. 1870:

> *„Es ist herkömmlich, in großen nationalen Momenten unseren nationalen Dichter zum Volke sprechen zu lassen. Ein Glück,dass wir ihn besitzen, dass seine vor allem spruch- und gedankenreichen Schöpfungen uns, für alles was kommen mag, bereits einen geprägten, längst Allgemeingut gewordenen Ausdruck überliefert haben, der zu rechter Stunde seine ursprüngliche Frische zurückgewinnen, neuzündend in alle Herzen schlägt. Einer Situation, wie der gegenwärtigen, entspricht nichts besser als der ‚Tell'. Er enthält kaum eine Seite, gewiss keine Szene, die nicht völlig zwanglos auf die Gegenwart, auf unser Recht und unseren Kampf gedeutet werden könnte, und wir müssen uns des guten Taktes des Publikums freuen, das nicht stichwortbegierig mit seinem Beifall im Anschlage lag, sondern ihm nur Ausdruck gab, wo Schweigen ein Fehler (...) gewesen wäre."*

In dieser Zeit erreichte Schillers Popularität einen Höhepunkt. Sein Bild wurde zum Mythos. Die **politische Ideologisierung** reicht bis ins 20. Jh.

Das **Dritte Reich** versuchte den Klassiker Schiller gleich- und auszuschalten. In den ersten Jahren nach der Machtübernahme Hitlers befand sich *Wilhelm Tell* noch unter den hochgeachteten und viel gespielten Stücken. Schillers Dramen wurden im Sinne der NS-Ideologie gedeutet (H. Fabricius: *Schiller als Kampfgenosse Hitlers. Nationalsozialismus in Schillers Dramen.* 1932) Nach Ausbruch des Krieges und unter demgemäß verstärktem und totalitärem, autoritärem Herrschaftsanspruch der nationalsozialistischen Führung änderte sich die Einstellung gegenüber diesem Drama.
Im Kriegsjahr 1941 erging für *Wilhelm Tell* ein **Aufführungs- sowie ein Lektüreverbot** in den Schulen. Für die Diktatur sind der Kampf um Freiheit und der Mord an einem Tyrannen gefährliche Ideen:

Geheim

Der Reichsminister
und Chef der Reichskanzlei
RK 890 Ag
Berlin, den 12. Dezember 1941
z. Zt. Führer-Hauptquartier

An den
Herrn Reichsminister für
Wissenschaft, Erziehung und Volksbildung

Betrifft: Schauspiel Wilhelm Tell

Auf das Schreiben vom 8. November 1941
-E III a 495 g/41 (a)-

Nach dem Wunsche des Führers soll das Schauspiel Wilhelm Tell als Lehrstoff in den Schulen nicht mehr behandelt werden. Eine sofortige Entfernung der dem Schauspiel Wilhelm Tell entnommenen Kernsprüche und Lieder aus den in Gebrauch befindlichen oder jetzt im Buchhandel vorhandenen Lese- und Geschichtsbüchern hält der Führer aus
technischen Gründen nicht für möglich, auch nicht für notwendig. Bei Neuauflagen von Schulbüchern oder bei der Herausgabe neuer Schulbücher sollen aber derartige Kernsprüche und Lieder aus Wilhelm Tell nicht mehr aufgenommen werden.

Abschrift dieses Schreibens habe ich dem Chef der Kanzlei des Führers der NSDAP übersandt.

Dr. Lammers.[18]

---

18 Joseph Wulf (Hg.): *Theater und Film im Dritten Reich. Eine Dokumentation.* Gütersloh, 1964, S. 188

Zum 150. Todestag Schillers 1959 wurden die Direktiven des **Politbüros der SED,** dem späteren Zentralorgan der ehemaligen DDR, veröffentlicht. In diesen Vorgaben zum Drama *Wilhelm Tell* standen die **„Volksmassen" und ihr Freiheitskampf** im Vordergrund:

> *„Ob Schiller die nationale Tat des Hirtenmädchens Jeanne d'Arc in der ‚Jungfrau von Orleans' oder den nationalen Befreiungskampf der Schweiz in ‚Wilhelm Tell' gestaltete, stets sind unmittelbar die einfachen Menschen und die Volksmassen als die gechichtsbildenden Kräfte dargestellt.*
> *Schiller hatte erkannt, dass die Volksmassen eine wichtige Rolle in der Geschichte spielen und dass die Persönlichkeit in Übereinstimmung mit ihnen handeln muss. Schiller stellt die Volksmassen differenziert in ihrer sozialen Schichtung dar, dadurch gestaltet er die untrennbare Einheit von nationalem Befreiungskampf und dem Ringen um die Verwirklichung sozialer Forderungen. ‚Wilhelm Tell' ist ein Drama, das die Wünsche und Forderungen der besten Patrioten der Befreiungskriege vorwegnimmt. Kein anderes literarisches Werk seiner Zeit übte eine solch direkte Wirkung auf die deutschen patriotischen Kräfte aus, die von 1813 bis 1848 gegen die nationale und soziale Bedrückung ihres Vaterlandes antraten."*[19]

Die bundesdeutschen Rezensionen aus dem Schillerjahr 1959 hoben den Gehalt des Stückes hervor: **Friedrich Sengle** stellte heraus, dass es Schiller darum ging aufzuzeigen, dass im politischen Kampf immer ein **höheres allgemeines menschliches Sittengesetz Gültigkeit** habe.

---

19 Norbert Oellers, Teil II, S. 408/409

Benno von Wiese hob Schillers **ästhetische Idee von der Freiheit der Erscheinung** in den Vordergrund, die in diesem Stück zur Wirklichkeit wurde.

„An die Stelle der Tragödie ist hier bei Schiller das legendäre Festspiel getreten. (...) Der Charakter als Festspiel wird durch eingestreute Lyrik und Musik noch unterstrichen. ‚Wilhelm Tell' ist trotz aller von außen bedrohenden Gewalt das Drama einer heilen Welt. (...) die politisch gewordene ‚Idylle'. Denn hier ist die Versöhnung von Idee und Wirklichkeit vollzogen, auf die Schillers Sehnsucht stets gerichtet blieb. Symbolisch stellvertretend steht die Einheit von Natur und Volk, von Mensch und Familie und auch noch die von Tell und seinen Schweizer Mitbürgern. Das alles ist gebunden an eine klassische Stilgebung, die zwischen dem Realismus einer bis ins Mundartliche gefärbten und sentenzenhaft zugespitzten, stilisierten Sprache die Mitte hielt. So wie das Festspiel Ausgleich und Zusammenführung erstrebte, so suchte der Klassiker Schiller hier zwischen populärer theatralischer Darbietung, sinnlicher Erscheinungsfülle, lebendiger Haltung und ästhetischer Kunst zu vermitteln."[20]

Fritz Martini sah im *Wilhelm Tell* nicht nur das politische, moralische Prinzip des Rechts auf Freiheit, sondern auch die „ästhetische" Selbstbewahrung des Menschen in seiner Freiheit behandelt.

„(...) Er (Tell) ist nicht nur die tätige Verkörperung von Volksnatur und Volksfreiheit, sondern die Realisation des ästhetischen Menschen in Schillers Sinne, der aus der Freiheit der ganzen reinen Existenz in die Not und Schuld der Wirklichkeit gerissen wird. Der Apfelschuss vergewaltigt seine Menschlichkeit; er

20 Benno von Wiese, *Schiller*. Stuttgart 1955, S. 775

bringt ihn in die Nähe des Mordes am eigenen Sohn. Indem er den Mord an Geßler im Bewußtsein der gerechten Notwendigkeit auf sich nimmt, überwindet er die Verstrickung in die schuldhafte Tat und stellt er das Humane wieder in sich her."[21]

In den Besprechungen der Aufführungen der 90er Jahre, von denen es in der Schweiz jährlich in Städten wie Altorf und Interlaken mehrere gab, wurden zwei Tendenzen sichtbar. Auf der einen Seite standen die Befürworter einer bis in Kleinigkeiten werkgetreuen Inszenierung des *Wilhelm Tell*. Hier waren die Freilichtaufführungen in Interlaken besonders beliebt. Auf der anderen Seite wurden die Vorstöße junger Regisseure und Regisseurinnen gelobt, die eine 100jährige Tradition der *Tell*-Aufführung durchbrachen und neue Wege beschritten. Tells in der Schweiz heldenhaft gefeierte Taten sollten hinterfragt werden und durch die Verlagerung in den heutigen Alltag der Schweiz auch denen nahe gebracht werden, die kaum ins Theater gehen.

In der Ausgabe des Züricher *Tages-Anzeiger* vom 1. 9. 1998 schrieb Benedict Scherer:

„Und das ist das Schöne an dieser erfrischenden Neuinszenierung, die zum 100. Geburtstag der Tellspielgesellschaft Altdorf konzipiert worden ist und in den Kantonshauptstadt viel zu reden gegeben hat: Sie lockert Schiller auf und nimmt ihn trotzdem ernst. Sie bricht den Pathos, aber sie erstickt nicht das Feuer der Leidenschaft. Und sie rettet den herrlichen Klang seiner Sätze. Tell wird ein Urner von heute und bleibt trotzdem ein Klassiker."

21 Fritz Martini, *Deutsche Literaturgeschichte*, S. 292–293

5. Materialien

Wilhelm Tell in der Literatur

Die Anerkennung, die Schillers Stück bei den Zeitgenossen fand, wurde auch in der folgenden Zeit bestätigt. So wurde *Wilhelm Tell* in zahlreiche Sprachen übersetzt und so auch international bekannt.
In der deutschen Literatur gab es lange keinen nennenswerten Versuch, den Tell-Stoff neu zu bearbeiten. Im Gegensatz dazu zeigten sich in der spanischen Literatur zahlreiche Ansätze, die Franco-Diktatur mit Hilfe des Tell-Themas zu verarbeiten.
Wilhelm Tell war früher ein viel gespieltes Theaterstück, es wird bis heute besonders in vielen Gegenden der Schweiz aufgeführt, sehr häufig in einem Laienspiel auf einer Freilichtbühne. Schillers *Tell* ging in der Schweiz so sehr in die Volksüberlieferungen ein, dass man nicht mehr zwischen Dichtung und Wirklichkeit unterschied. Gegen diesen Mythos „Tell" wandte sich Max Frisch mit seinem 1971 veröffentlichten polemischen Roman.

Gottfried Keller hat in seinem Roman *Der grüne Heinrich* (umgearbeitet 1879 erschienen) mit liebevoller Ironie eine solche Aufführung beschrieben. Keller war Schweizer und lebte von 1819 bis 1890. Es ist anzunehmen, dass er solche *Tell*-Aufführungen, wie sie auch heute noch üblich sind, selbst gesehen hat.

„Mein Heimatdorf war nebst ein paar anderen Dörfern von einem benachbarten Marktflecken eingeladen worden zu einer großen

Darstellung des Wilhelm Tell und infolgedessen war ich wieder durch meine Verwandten aufgefordert worden, hinauszukommen und an den Vorbereitungen teilzunehmen (...).
Man legte der Aufführung Schillers Tell zugrunde, welcher in einer Volksausgabe vielfach vorhanden war, darin nur die Liebesepisode zwischen Berta von Bruneck und Ulrich von Rudenz fehlte. Das Buch ist den Leuten sehr geläufig, denn es drückt auf eine wunderbare Weise ihre Gesinnung und alles aus, was sie durchaus für wahr halten; wie denn selten ein Sterblicher es übel aufnehmen wird, wenn man ihn dichterisch ein wenig oder gar stark idealisiert.
Weitaus der größere Teil der spielenden Schar sollte als Hirten, Bauern, Fischer, Jäger das Volk darstellen und in seiner Masse von Schauplatz zu Schauplatz ziehen, wo die Handlung vor sich ging, getragen durch solche, welche sich zu einem kühnen Auftreten für berufen hielten. In den Reihen des Volkes nahmen auch junge Mädchen teil, sich höchstens in den gemeinschaftlichen Gesängen äußernd, während die handelnden Frauenrollen Jünglingen übertragen waren. Der Schauplatz der eigentlichen Handlung war auf alle Ortschaften verteilt, je nach ihrer Eigentümlichkeit, so dass dadurch ein festliches Hin- und Herwogen der kostümierten Menge und der Zuschauermassen bedingt wurde. (...)
Der wichtige und ersehnte Tag brach an mit dem wunderschönsten Morgen (...) ein Zug von mehr als hundert prächtigen Kühen, bekränzt und mit Glocken versehen, kam heran, begleitet von einer großen Menge junger Burschen und Mädchen, um das Tal heraufzuziehen in die anderen Dörfer und so eine Bergfahrt vorzustellen (...).
Endlich gelangten wir in den Flecken, der heute unser Altorf war. Als wir durch das alte Tor ritten, fanden wir eine kleine Stadt, welche nur einen mäßig großen Platz bildete, schon ganz belebt,

voll Musik und Fahnen, und Tannenreiser an allen Häusern. Eben ritt Herr Geßler hinaus, um in der Umgegend einige Untaten zu begehen, und nahm den Müller und den Harras mit (…). Schon sahen wir auch aus den Fenstern des Rathauses die Spießknechte mit der verhassten Stange ankommen, dieselbe mitten auf dem Platz aufpflanzen und unter Trommelschlag das Gesetz verkünden. Der Platz wurde jetzt geräumt, das sämtliche Volk, mit und ohne Kostüme, an die Seiten verwiesen, und vor allen Fenstern, auf Treppen, Holzgalerien und Dächern wimmelte die Menge. Bei der Stange schritten die beiden Wachen auf und ab; jetzt kam der Tell mit seinem Knaben über den Platz gegangen, von rauschendem Beifall begrüßt; er hielt das Gespräch mit dem Kinde nicht, sondern wurde bald in den schlimmen Handel mit den Schergen verwickelt, dem das Volk mit gespannter Aufmerksamkeit zusah, indessen Anna und ich (…) uns zur Hintertür hinausbegaben und zu Pferde stiegen, da es Zeit war, uns mit dem Geßlerschen Jagdzuge zu vereinigen, der schon vor dem Tore hielt. Wir ritten nun unter Trompetenklang herein und fanden die Handlung in vollem Gange, den Tell in großen Nöten und das Volk in lebhafter Bewegung und nur zu geneigt, den Helden seinen Drängern zu entreißen. Doch als der Landvogt seine Rede begann, wurde es still. Die Rollen wurden nicht theatralisch und mit Gebärdenspiel gesprochen, sondern mehr wie die Reden in einer Volksversammlung, laut, eintönig und etwas singend, da es doch Verse waren; man konnte sie auf dem ganzen Platz vernehmen, und wenn jemand, eingeschüchtert, nicht verstanden wurde, so rief das Volk: ‚Lauter, lauter!' und war höchst zufrieden, die Stelle noch einmal zu hören, ohne sich die Illusion stören zu lassen. (…) Doch machte sich der Volkshumor im Schoße des Schauspiels selbst geltend, als es zum Schluss kam. Hier war es seit undenklichen Zeiten, wenn bei Aufzügen die Tat des Tell auf alte Weise vorgeführt

wurde, der Scherz üblich gewesen, dass der Knabe während des Hin- und Herredens den Apfel vom Kopfe nahm und zum großen Jubel des Volkes gemütlich verspeiste. Dies Vergnügen war auch hier wieder eingeschmuggelt worden, und als der Geßler den Jungen grimmig anfuhr, was das zu bedeuten hätte, erwiderte dieser keck: „Herr! Mein Vater ist ein solch guter Schütz, dass er sich schämen würde, auf so einen großen Apfel zu schießen! Leg mir einen auf, der nicht größer ist als eure Barmherzigkeit, und der Vater wird ihn um so besser treffen!"
Als der Tell schoss, (...) zitterte er wirklich und unwillkürlich, indem er anlegte, so sehr war er von der Ehre durchdrungen, diese heilige Handlung darstellen zu dürfen. Und als er dem Tyrannen den zweiten Pfeil drohend unter die Augen hielt, während das Volk in atemloser Beklemmung zusah, da zitterte seine Hand wieder mit dem Pfeile, er durchbohrte Gessler mit den Augen, und seine Stimme erhob sich einen Augenblick lang mit solcher Gewalt und Leidenschaft, dass der Geßler erblasste und ein Schrecken über den Markt fuhr. Dann verbreitete sich ein fröhliches Gemurmel, tief tönend, man schüttelte sich die Hände und sagte, der Wirt (der nämlich den Tell darstellte) wäre ein guter Mann, und solange wir solche hätten, tue es nicht not.
Doch wurde der wackere Mann einstweilen gefänglich abgeführt, und die Menge strömte aus dem Tore nach verschiedenen Seiten, um anderen Auftritten beizuwohnen oder sich sonst nach Belieben umzutreiben. Viele blieben auch am Ort, um dem Klange der Geigen nachzugehen, welche da und dort sich hören ließen."[22]

Nicht erst seit dem Tellenlied, dem *Weißen Buch von Sarnen,* seit Schillers Schauspiel oder der Errichtung des Tell-Denkmals in Altorf von Kissling kann man mit Gottfried Keller

22 Gottfried Keller, S. 234–240

über die Tell-Geschichte sagen: „Ob sie wirklich so geschehen ist?"

Die Tellgeschichte hat eine enorme Wirkung gezeigt und in der Schweiz einen leidenschaftlichen Kult aufkommen lassen. Herauslösen lassen sich mindestens drei sehr komplexe und ineinander verschlungene Aspekte: Der Bürger, der ungewollt zum Freiheitshelden wird; der Gämsenjäger, der sich frei mit der Natur im Einklang befindet; der eigenmächtige Richter, der mit seinem Pfeil zum Tyrannenmörder wird.

In der neueren europäischen Literatur trifft man immer wieder auf Wilhelm Tell.

Das Tellmotiv tauchte in der spanischen Literatur auf, sowohl in Lateinamerika wie in Spanien selbst. Das Stück *Guillermo Tell* von **Eugenio D'Ors** wurde 1923 geschrieben. D'Ors Tell hat den Glauben an die großen Ideale der Französischen Revolution (Freiheit, Gleichheit und Brüderlichkeit) verloren. Er kritisiert die Überzeugung, dass einmal gewonnene Freiheit endgültig und unveräußerlich sei. Bei D'Ors gibt es für den Bürgler Freiheitshelden als einzigen würdevollen Abgang den pessimistischen Schluss, dass sich Freiheit trotz größter Anstrengungen nicht erreichen lässt.

Der Dramatiker und Essayist **Alfonso Sastre** (*1926) aus Madrid gehört zu den bedeutendsten spanischen Dramatikern unserer Zeit. Er schrieb bis jetzt drei Stücke über Wilhelm Tell.

Sastres Wahlheimat ist das Baskenland. Er ist Antifrankist, Kommunist und Sympathisant der ETA. 1955 schrieb er für den Theaterintendanten José Tamayos das Stück *Wilhelm Tell hat traurige Augen*; die Inszenierung wurde aber von der spanischen Zensur verhindert.

Am 8. 8. 1998 wurde das Stück beim Schaffhauser Sommertheater aufgeführt und erhielt großen Beifall.

Die *Neue Obwaldner Zeitung* schrieb am 12. 8. 1998:

„(…) Das andere Gegensatzpaar besteht zwischen dem Einzelnen und der Gesellschaft. Da ist das Mitläufertum, das Tyrannen wie den Gouverneur Gessler erst ermöglicht, seine Macht zu missbrauchen. Da ist der Individualist Tell, der von seinem Gerechtigkeitssinn und Mut getrieben wird. Immer wieder fordert er die Diktatur heraus. (…) Die Revolution tritt schließlich ein. (…) Tell wollen sie zu ihrem Helden erheben. Er hat den Diktator erschossen. Das Motiv aber war persönliche Rache, nicht politisches Kalkül. Denn Tell hat im entscheidendsten Augenblick seines Lebens versagt, ist von der Lichtgestalt, die er nie sein wollte, wieder zum fehlbaren Menschen geworden: Er trifft nicht den Apfel, sondern den Sohn.
(…) Es gelingt ihm auch, sozusagen als eine spanische Mischung aus Schiller und Brecht, das politische Element von Macht und Ausbeutung, Aktionismus und Rückzug ins Private zu thematisieren."

1974 schrieb Sastre den Text ***Tagebuch von Wilhelm Tells Sohn.*** Dieser Text umfasst nur zehn Seiten, er beinhaltet aber die wichtigsten Punkte der Tragödie und nimmt klare Bezüge zur damaligen spanischen Realität. Das zeigt sich besonders in den Anfangsbemerkungen, wonach das Tagebuch beim Abbruch eines alten Hauses in der Schweiz einem Gastarbeiter in die Hände gerät, der es später an Sastre weitergegeben habe. Der Apfelschuss und der Volksaufstand finden zwischen dem 30. April und dem 2. Mai statt. Die Be-

zugnahme auf den Zeitraum um den 1. Mai ist umso wichtiger, als sie mit einer Reihe weiterer Anspielungen auf die spanische Diktatur und den Kampf gegen das Regime Francos einhergehen.
Sein letztes Werk, in dem er das Tell-Motiv verarbeitete, erschien 1980 unter dem Titel ***Wilhelm Tells einziger Sohn.*** Hier strebte er ein Schauspiel aus der Perspektive der Kinder an. Dabei wollte er den „reaktionären Charakter des Helden" ergründen und kritisieren. Dieses Stück steht in enger Beziehung zu dem ersten Stück von 1955.

Eine der ausführlichsten Tell-Erwähnungen in der spanischen Literatur ist dem Autor **Max Aub** zu verdanken. Elke Heidenreich zählt ihn zu den ganz Großen in diesem Jahrhundert. Aub (*1903) lebte zunächst in Paris. Während des zweiten Weltkrieges floh Aub nach Mexiko. Hier spielt auch seine Erzählung ***Willi Tell.*** Der Schweizer Held taucht in Severianos Kneipe auf. Das Bild an der Wand in den heruntergekommenen Spelunke zeigt Wilhelm Tell, der im Begriff ist, mit seiner Armbrust einen Apfel vom Kopf seines Sohnes zu schießen. Am Schluss der Geschichte zerfetzt ein Pistolenschuss das berühmte Bild völlig. Tell wird hier selbst zur Zielscheibe.

Auch in der Schweiz selbst wurde der Tell-Stoff von verschiedenen Autoren aufgegriffen. Seit Schiller gilt die Tellsage als klassischer Triumph des Freiheitswillens über Unterdrückung. Das dieser nationale Mythos auch ganz anders gesehen werden kann, bewies **Max Frisch** (*1911, gest. 1991) in seinem manchmal bitterbösen *Wilhelm Tell für die Schule*, erschienen 1970. Frisch erfand nicht einfach frei, son-

dern zog die verschiedensten historischen Abhandlungen hinzu und begründete mit etlichen Fußnoten den Verlauf der Geschichte. Die Geschichte von Grisler, der unter dem Föhn leidet und nur, weil er verschlafen hat, ums Leben kommt.
Daraus zwei Beispiele:

„Wahrscheinlich Konrad von Tillendorf, ein jüngerer und für seine Jahre dicklicher Mann, damals wohnhaft auf der Kyburg, vielleicht auch ein anderer, der Grisler hieß und in den gleichen Diensten stand, jedenfalls aber ein Ritter ohne Sinn für Landschaft ritt an einem sommerlichen Tag des Jahres 1291 durch die Gegend, die heute als Urschweiz bezeichnet wird. Wahrscheinlich herrschte Föhn; das Gebirge, das der dickliche Ritter vor sich sah, schien näher als nötig. Um dem jungen Rudenz gegenüber, der ihn nach Uri bringen sollte, nicht unhöflich zu sein, gab er sich Mühe und lobte mehrmals die blühenden Kirschbäume. Es war heiß und blau. Je länger er ritt, desto schweigsamer wurde der dickliche Ritter, denn die Berge zu beiden Seiten nahmen überhand. Oft wunderte er sich, daß es in dieser Gegend überhaupt einen Pfad gab; aber es gab tatsächlich einen Pfad, der, wie der dickliche Ritter wußte, sogar nach Rom führte, wenn auch immer wieder um Felsen herum. Es wunderte ihn, daß hier Menschen wohnten. Das sagte er nicht. Je enger die Täler, desto kränkbarer sind die Leute, das spürte der dickliche Ritter schon und lobte nochmals einen blühenden Kirschbaum. In Brunnen am See, zu Mittag, mußte man wieder einen Nauen besteigen. Eine mühsame Gegend. Ritter Konrad oder Grisler fühlte sich in dem Nauen nicht wohl; beide Hände an die Bank geklammert, obschon der schwere Nauen kaum schaukelte, saß er und blickte beklommen in das Tal von Uri, das ihm schon als das Ende der Welt erschien. Diese Flühe links und Flühe

rechts. Er reiste nicht zum Vergnügen, sondern als Vertreter von König Rudolfs Erben, also dienstlich; daher trug er diese Mütze aus Samt. Sogar auf dem See war es heiß. Kein stürmischer Föhn, aber Föhn. Der Schiffer ruderte hart und wortkarg, tat, als habe er diese grässlichen Felsen persönlich gemacht, und zeigte überhaupt keinen Humor. Natürlich wußte der dickliche Ritter, daß Uri damals reichsfrei war, das heißt, daß er sich jetzt im Ausland befand; er verschwieg, daß er nicht in Uri leben möchte. Er sagt lediglich, er habe Kopfweh. Der Nauen kam nur langsam voran. Der junge Rudenz, Neffe des Freiherrn von Attinghausen, ließ es sich nicht nehmen und zeigte dies und das, was den Einheimischen besonders sehenswert vorkam. Ab und zu tauchte der dickliche Ritter, während er höflich nickte, die Hand ins kalte Wasser des Vierwaldstätter Sees, damit sein Kopfweh vergehe; er beachtete weder die sommerliche Wiese des Rütli noch den Fels, der später berühmt wurde als Tellenplatte, sondern blickte geradeaus, wo er plötzlich den Sankt Gotthard zu sehen meinte. Das war das einzige Mal, daß der Schiffer, der wahrscheinlich Ruodi hieß, kurz und bündig grinste. Schnee auf den Bergen im Sommer, das sah man an klaren Tagen schon von der Kyburg aus; jetzt verwunderte es ihn trotzdem: Schnee im Sommer. Er äußerte sich nicht dazu. Die Leute von Uri schienen stolz zu sein auf diesen Schnee. Einmal fragte er den braven Schiffer, wie lange er denn nach Flüelen noch brauchte. Keine Antwort. Der junge Rudenz, dem es peinlich war, wenn seine Waldleute sich unartig zeigten, packte jetzt einen Imbiss aus dem Lederbeutel, um den habsburgischen Beamten abzulenken von dieser Eigenart der Waldleute, wahrscheinlich Käse und Brot, auch harte Eier, die aber, als Ulrich von Rudenz sie vor dem hohen Gast auf die Bank legte, sofort herunterfielen und in dem Nauen hin und her rollten. Auch darüber vermochte der brave Schiffer nicht zu lächeln, denn er galt als der wackerste Schif-

fer auf dem Ulmer-See, und daß der fremde Fötzel ihn gefragt hatte, wie lange es bis Flüelen noch brauche, vergaß er sein Lebtag nicht. Leider hatte der Vertreter von König Rudolfs Erben überhaupt keinen Appetit, was aussah, als verachte er den einheimischen Käse. Die Fahrt in diesem Nauen kam ihm endlos vor. Immer öfter schloß er die Augen, um wenigstens keine Berge zu sehen, und hörte nur den harten Wellenschlag, das Klatschen unter dem Nauen, dazu das Ächzen der Ruder. Er versuchte an seine diplomatische Mission zu denken, beide Hände an die Bank geklammert; dabei wurde er das Gefühl nicht los, man fahre in der verkehrten Richtung, genau in der verkehrten Richtung ... Herr Vogt! sagte der junge Rudenz: Wir sind da! – ein Rudel von Hütten in grünen Wiesen mit Apfelbäumen, das also war Flüelen. Der Vertreter von König Rudolfs Erben hatte sich Flüelen überhaupt nicht vorgestellt, und insofern überraschte es ihn gar nicht.Er dankte dem wackeren Schiffer; dieser aber war noch immer beleidigt wegen der Frage, wie lange er nach Flüelen brauche, und blickte geradezu unheimlich. Es war, als hätte der Mann mittlerweile einen Kropf bekommen. Ein anderer, der die Pferde bereithielt, hatte einen wirklichen Kropf. Als sie entlang der Reuß gegen Altdorf ritten, fragte der dickliche Ritter, ob es in diesen Tälern viel Inzucht gebe. Die Auskunft des jungen Rudenz ist nicht überliefert. Hingegen soll der Herr Vogt kurz darauf sein Pferd angehalten haben, um zu sagen: Diese Berge, ringsum diese Berge! Sein Kopfweh war noch nicht vergangen, als man in Altorf ankam."[23]

23 Max Frisch, S. 7 ff.

Anmerkung zu der Szene, in der Tell Grisler erschießt:

„Nicht zu Unrecht, wenn auch zur allgemeinen Empörung, haben die palästinensischen Attentäter, die in Zürich am 18. Februar 1969 aus dem Hinterhalt ein startendes El-Al-Flugzeug beschossen, sich auf Wilhelm Tell berufen; die Vogt-Tötung bei Küssnacht, wie die schweizerischen Chronisten sie darstellen, entspricht den Methoden der EL-Fatah."[24]

24 Max Frisch, S. 122

Literatur

Textausgabe

Friedrich Schiller: *Wilhelm Tell.* Königs Lektüren Bd. 3012. Hollfeld: Bange, 1997
(Nach dieser Ausgabe wird zitiert.)

Das Werk und seine Rezeption

Max Frisch: *Wilhelm Tell für die Schule.* Frankfurt a. M.: Suhrkamp, 1996

Fritz Jonas: *Schillers Briefe.* Kritische Gesamtausgabe. 7 Bde. Stuttgart, 1892–1896

Gottfried Keller: *Der grüne Heinrich.* Bertelsmann Lesering, Stuttgart, 1972, S. 234–240

Gustav Kettner: *Studien zu Schillers Dramen.* Bd. 1 *Wilhelm Tell.* Berlin, 1909

Bodo Lecke (Hg.): *Dichter über ihre Dichtungen.* München, 1970, S. 490–502

Fritz Martini: *Deutsche Literaturgeschichte.* Stuttgart, 1984, S. 291–293

Norbert Oellers (Hg.): *Schiller – Zeitgenosse aller Epochen. Dokumente zur Wirkungsgeschichte Schillers in Deutschland.* Teil I (1782–1859), Teil II (1860–1966). München, 1976

Friedrich Schiller: Wilhelm Tell. CD-ROM. Stuttgart: Reclam, 1997.
(Vollständiger Text, Wort- und Sacherklärungen, editorische Notizen, Inhaltsangabe)

Friedrich Schiller: Wilhelm Tell. Unterrichtsmaterial. CD-ROM. München: Parkkörner, 1998

Josef Schmidt (Hg.): *Friedrich Schiller: Wilhelm Tell.* Erläuterungen und Dokumente. Stuttgart: Reclam, 1995.
(Sehr umfangreiche Worterklärungen, eine ausführliche Darstellung des Tell-Stoffes und seiner Tradition, Varianten des Textes, Paralipomena)

Benno von Wiese: *Schiller. Eine Einführung in Leben und Werk.* Stuttgart, 1955, S. 767–776

Joseph Wulf (Hg.): *Theater und Film im Dritten Reich. Eine Dokumentation.* Gütersloh, 1964

Friedrich Schiller

Peter-André Alt: *Schiller.* Bd. II. München: Beck, 2000

Jürgen Alt: *Schiller kennen lernen.* Lichtenau: AOL, 1998.
(Preiswert und für Schüler gut geeignet. Biografie des Autors, Darstellung der wichtigsten Werke)

Sigrid Damm: *Goethe und Christiane, eine Recherche.* Frankfurt a. M.: Insel, 1998

Die Epoche der Weimarer Klassik

Dieter Borchmeyer: *Weimarer Klassik. Portrait einer Epoche.* Weinheim, 1994

Karl Conrady (Hg.): *Deutsche Literatur zur Zeit der Weimarer Klassik.* Stuttgart, 1977

Horst Glaser (Hg.): *Deutsche Literatur. Eine Sozialgeschichte. Von den Anfängen bis zur Gegenwart.* 10 Bde. Reinbek, 1980 ff.

Willy Grabert (Hg.): *Geschichte der deutschen Literatur.* München, 1984

Anselm Salzer (Hg.): *Illustrierte Geschichte der deutschen Literatur.* 6 Bde. Köln, o. J.

Verfilmung

Wilhelm Tell (auch unter dem Filmtitel „Berge in Flammen" bekannt). Schweiz 1960.
Regie: Michel Dickhoff, Karl Hartl.